1 **Relaciona los nombres con los apellidos.**

Nombres	*Apellidos*	*Nombres*	*Apellidos*
▶ Isabel	Allende	▶ José María	Maura
▶ Plácido	Banderas	▶ Carmen	Iglesias
▶ Antonio	Sánchez Vicario	▶ Juan Carlos	Aznar
▶ Arancha	Domingo	▶ Julio	de Borbón

2 **Marca las letras que escuches.**

j ☐   z ☐   s ☐   rr ☐   l ☐
ñ ☐   p ☐   t ☐   b ☐   v ☐

3 **Escucha y completa.**

a ☐ ☐ ☐ ☐
b ☐ ☐ ☐ ☐
c ☐ ☐ ☐ ☐

4 **Completa adecuadamente.**

A: ¡Hola! ¿Cómo ....?
B: Me .... Anne, ¿y ....?
A: Yo .... Luis. ¿Cómo ....?
B: Stephen, Anne Stephen, ¿y ....?

A: López. ¿De dónde eres?
B: .... alemana.
A: Yo .... español.

5 **Completa las nacionalidades. Señálalas en el mapa.**

1. Argentina	argentino	argentina
2. Uruguay	_____	_____
3. México	_____	_____
4. Venezuela	_____	_____
5. Perú	_____	_____
6. Cuba	_____	_____
7. Bolivia	_____	_____
8. Brasil	_____	_____
9. Chile	_____	_____

6 Completa.

O / A

1. México   mexican…   mexican…
2. Italia   _____   _____
3. Suecia   _____   _____
4. Argelia   _____   _____
5. Turquía   _____   _____
6. India   _____   _____

Ø / A

7. Inglaterra   inglés   inglesa
8. Francia   _____   _____
9. Portugal   _____   _____
10. Holanda   _____   _____
11. Japón   _____   _____
12. Irlanda   _____   _____

7 Escucha y subraya los números que oigas.

10 diez   **18** dieciocho   **12** doce   **14** catorce   **9** nueve

4 cuatro   **5** cinco   **15** quince   **7** siete   **16** dieciséis

8 Escribe los nombres de estos números.

28   **3**   **12**   **14**   **6**   **15**   **13**   **11**   **9**

_____ _____ _____ _____ _____ _____ _____ _____ _____

61   **99**   **49**   **57**   **32**   **79**   **33**   **94**   **81**

_____ _____ _____ _____ _____ _____ _____ _____ _____

sueña

cicios

ONE
WEEK
LOAN

M.ª Angeles Alvarez Martinez
Ana Blanco Canales
M.ª Luisa Gómez Sacristán
Nuria Pérez de la Cruz

Con la colaboración de
Montserrat Hidalgo Rodríguez
Carmen Criado Hernández

UNIVERSIDAD DE
ALCALÁ

ANAYA ñ ELE

f. 27/07/04

Equipo de la Universidad de Alcalá
> Dirección: M.ª Ángeles Álvarez Martínez

> Programación y esquemas gramaticales: M.ª Ángeles Álvarez Martínez
> Ana Blanco Canales
> M.ª Jesús Torrens Álvarez

> Coordinación del Nivel Inicial: M.ª Ángeles Álvarez Martínez

> Autoras: M.ª Ángeles Álvarez Martínez
> Ana Blanco Canales
> M.ª Luisa Gómez Sacristán
> Nuria Pérez de la Cruz
> Con la colaboración de Montserrat Hidalgo Rodríguez y Carmen Criado Hernández

© Del texto: Cursos Internacionales S. L. (Alcalingua S. R. L.), de la Universidad de Alcalá, 2000
© De los dibujos y gráficos: Grupo Anaya, S. A., 2000
© De esta edición: Grupo Anaya, S. A., 2000, Juan Ignacio Luca de Tena, 15 - 28027 Madrid

Depósito legal: S. 389-2004
ISBN: 84-667-0035-8
Printed in Spain
Imprime: Gráficas Varona. Polígono "El Montalvo", parcela 49. Salamanca

Equipo editorial
> Edición: Milagros Bodas, Sonia de Pedro
> Equipo técnico: Javier Cuéllar, Laura Llarena
> Ilustración: Gancho
> Cubiertas: Taller Universo: M. Á. Pacheco, J. Serrano
> Maquetación: Ángel Guerrero
> Corrección: Carolina Frías, Esther García, Maite Izquierdo, Nieves Vázquez
> Edición gráfica: Nuria González

Fotografías: Archivo Anaya (Boe, O.; Chamero, J.; Leiva, A.; Muñoz, J. C.; Ortega, A.; Redondo, C.; Steel, M.; Vizuete, E.; Zuazo, H.); Breitfeld, Claus; Fototeca 9 x 12; Prisma; Stock Photos

Instituto
Cervantes

Este Método se ha realizado de acuerdo con el *Plan Curricular* del Instituto Cervantes, en virtud del Convenio suscrito el 14 de junio de 2001.
La marca del Instituto Cervantes y su logotipo son propiedad exclusiva del Instituto Cervantes.

PRESENTACIÓN

Este método es producto de la labor de un equipo de lingüistas y profesores de español como lengua extranjera de la Universidad de Alcalá, elaborado y puesto en práctica durante los años 1999 y 2000.

El Cuaderno de Ejercicios de SUEÑA 1, que corresponde al primer nivel del método, se ha concebido como un elemento imprescindible para la clase, ya que ofrece al profesor y al estudiante ejercicios y actividades que pueden desarrollarse en el aula o como tarea para casa.

Está dividido en 10 lecciones en las que se trabajan los mismos contenidos del Libro del Alumno, bien como refuerzo de lo aprendido en clase, bien como ampliación de algunas de las cuestiones tratadas.

Los ejercicios y actividades del Cuaderno de Ejercicios están integrados, mediante un icono, en el Libro del Alumno. De esta manera se indica a los estudiantes qué ejercicios del Cuaderno trabajan específicamente los mismos contenidos de la actividad –del Libro del Alumno– en la que se encuentra el icono. En el Libro del Profesor se recomienda en qué momento pueden realizarse en clase o constituir tarea para casa.

El Cuaderno de Ejercicios plantea diversas actividades y ejercicios, juegos y pasatiempos, con los que se puede aprender y practicar el español de forma amena y divertida. El libro se cierra con las soluciones (claves).

Finalmente, queremos expresar nuestro agradecimiento al Vicerrectorado de Investigación de la Universidad de Alcalá, que ha subvencionado un Proyecto de Investigación para estudios sobre léxico, titulado "Frecuencia de uso y estudio del léxico con especial aplicación a la enseñanza del español como lengua extranjera" (H004/2000); y muy especialmente al Vicerrector de Extensión Universitaria de esta Universidad, profesor Antonio Alvar Ezquerra, por haber acogido con entusiasmo nuestro proyecto y habernos prestado desde sus comienzos su inestimable apoyo y ayuda.

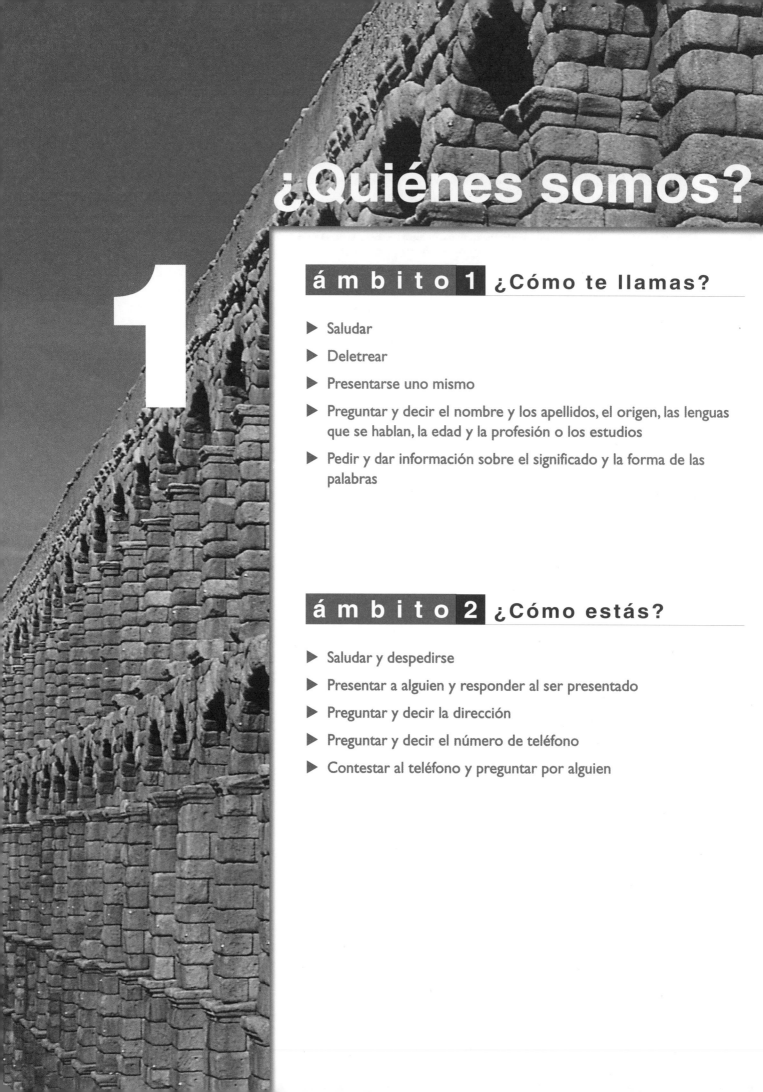

¿Quiénes somos?

1

9 **Formula las preguntas a las siguientes respuestas.**

1._____ Tengo 18 años.

2._____ Soy de Londres.

3._____ Se llaman Arthur y Julie.

4._____ Tiene 28 años.

5._____ Soy médico.

6._____ Hablamos inglés y español.

7._____ Yo soy profesora y ella es estudiante.

8._____ Él se llama Juan y ella se llama Elvira.

9._____ Es estadounidense.

10._____ Pérez, José Pérez.

10 **Mira estas fotografías.**

1. ¿Qué lengua habla Carlos de Inglaterra? _____

2. ¿Qué lengua habla Claudia Schiffer? _____

3. ¿Qué lengua habla Violeta Chamorro? _____

4. ¿Qué lengua habla Sofia Loren? _____

5. ¿Qué lengua habla Julia Roberts? _____

6. ¿Qué lengua habla Mijaíl Gorbachov? _____

11 **En parejas.**

ALUMNO A

1. Pregunta a tu compañero cómo se dicen en español estos términos.

Ej.: *¿Cómo se dice en español station?*

 ① ② ③

 ④  ⑤

 ⑥

2. Contesta a tu compañero. Utiliza el diccionario.

ALUMNO B

1. Contesta a tu compañero. Utiliza el diccionario.

2. Pregunta a tu compañero cómo se dicen en español estos términos.

Ej.: *¿Cómo se dice en español table?*

 ①  ②

 ③  ④

 ⑤  ⑥

12 **Relaciona las palabras con los dibujos.**

1. mira
2. pregunta
3. escribe
4. habla
5. escucha
6. relaciona
7. lee

bla, bla, bla, bla

 a   b    c   d

 e   f   g

1 ¿Qué dices en las siguientes situaciones?

1. Te despides de un compañero al que vas a ver más tarde.	Ej.: *Hasta luego.*
2. Te despides de una persona a la que no sabes cuándo vas a volver a ver.	
3. Te vas a la cama y te despides de tus compañeros.	
4. Saludas a un amigo.	
5. Presentas tus padres a tu profesor.	
6. Saludas a la directora de tu empresa.	

2 Completa estos diálogos.

1.

A: ¡ Hola , Inés! ¿ cómo *qué tal* estás?

B: Bien , gracias. ¿Y tú ?

A: Muy bien.

2.

A: Mira, Juan, éste es Ana.

B: ¡ Hola , Ana! ¿ qué tal?

C: My Bien

3.

A: ¿ cómo está usted?

B: Bien , gracias.

4.

A: Adiós, hasta mañana.

B: hasta mañana buenas noches.

5.

is this

A: Buenos días, ¿ es usted Susana Vergara?

B: Sí, soy yo. *yes, its me*

A: Me llamo Alicia y soy la secretaria del señor López.

B: Encandato

soy = I am

soy = I am

this is *these are*

3 Completa las siguientes frases con éste, ésta, éstos, éstas.

1. Mira, éste es Juan y ésta es María.

2. ¡Ah! éstas de la foto son las Spice Girls.

3. Buenos días, Antonio. Mira, ... es Inés.

4. Luis, éste es el señor López. *Mr*

5. Éste es Nuria y ésta es Aurora.

These **6.** éstos son los libros que nos gustan. *of the uni*

7. éste es Guillermo, un compañero de la Universidad.

8. Mira, Paco, ésta es la señorita Hidalgo, la nueva secretaria.

9. éstos son los directivos de la nueva compañía.

10. éstos son los informáticos y éstos son los ingenieros.

son = are

es = is

4 Completa con el artículo (*el* / *la* / *ø*) cuando sea necesario.

the

1. Por favor, ¿está ..el.. señor Pérez?

2. Buenas tardes, ..el.. señor Vergara. ø

3. Le presento a ..la.. señora Martínez.

4. ¿Cómo está, ..el.. señor González? ø
   Muy bien, gracias.

5. Buenos días, ¿la oficina de ..la.. señorita Alicia?

6. ¿Cómo está, ..la.. señorita Rodríguez? ø

7. ¿Está ..el.. señor García?

8. Buenos días, ¿..la.. señora López? ø

9. Buenas tardes, soy ..el.. señor Gutiérrez.

10. ¿..El.. señor Hernández?

5 Observa estos dibujos. Escribe un pequeño diálogo para cada uno.

_____   _____   _____
_____   _____   _____
_____   _____   _____
_____   _____   _____
_____   _____   _____
_____   _____   _____

6 Completa cada pregunta con una de estas palabras.

▶ cuáles — which
▶ qué — what
▶ cuántos — how many
▶ cuál — which (s)
▶ dónde — where
▶ cómo — how

1. ¿..cómo.. estás?

2. ¿A ..qué.. te dedicas?

3. ¿..cuántos.. años tiene Cristina?

4. ¿De ..dónde.. son tus amigos?

5. ¿..cuál.. es tu número de teléfono?

6. ¿En ..qué.. calle vives?

7. ¿..cuáles.. son los teléfonos de los bomberos?

8. ¿..cómo.. se llama tu compañero?

9. ¿..cuál.. es tu código postal?

10. ¿..cuántos.. años tienen tus compañeros?

match these responses — to ask (questions) — preguntas

7 **Relaciona estas respuestas con las preguntas anteriores.**

a. Soy médico. 2
b. Muy bien, gracias. 1
c. Jesús tiene 26 años y Beatriz 23. 10
d. Tiene 13 años. 3
e. Eric Smith. 8

f. Alfonso es de México y José Luis de Argentina. 4
g. En la calle Ernesto Sábato, n.º 26. 6
h. El 28089. 9
i. El 098 y el 0987. 7
j. El 92341230. 5

8 **Lee. Subraya las abreviaturas y escribe debajo la palabra que corresponda:** *señor,* *señora, señorita, don* y *doña.*

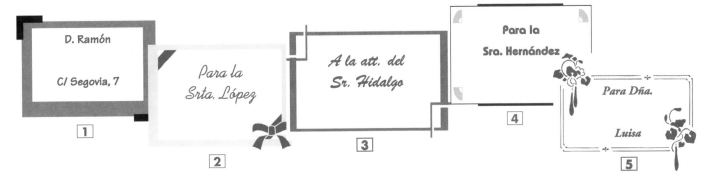

D. Ramón

C/ Segovia, 7

1

Para la
Srta. López

2

A la att. del
Sr. Hidalgo

3

Para la
Sra. Hernández

4

Para Dña.

Luisa

5

9 **Completa estos sobres. Busca la información que te falta en los anuncios.**

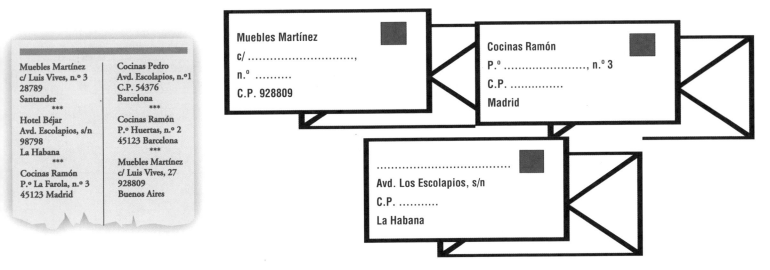

Muebles Martínez
c/ Luis Vives, n.º 3
28789
Santander
***
Hotel Béjar
Avd. Escolapios, s/n
98798
La Habana
***
Cocinas Ramón
P.º La Farola, n.º 3
45123 Madrid

Cocinas Pedro
Avd. Escolapios, n.º1
C.P. 54376
Barcelona
***
Cocinas Ramón
P.º Huertas, n.º 2
45123 Barcelona
***
Muebles Martínez
c/ Luis Vives, 27
928809
Buenos Aires

Muebles Martínez
c/ ....,
n.º ....
C.P. 928809

Cocinas Ramón
P.º ...., n.º 3
C.P. ....
Madrid

....
Avd. Los Escolapios, s/n
C.P. ....
La Habana

10 **Lee el texto y escribe las preguntas a las siguientes respuestas.**

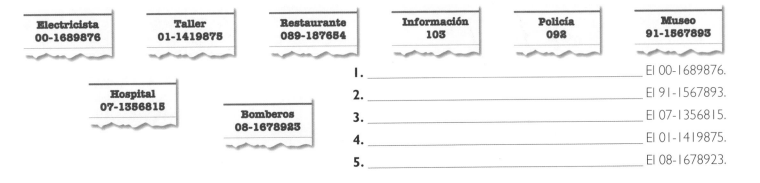

Electricista
00-1689876

Taller
01-1419875

Restaurante
089-187654

Información
103

Policía
092

Museo
91-1567893

Hospital
07-1356815

Bomberos
08-1678923

1. _____ El 00-1689876.
2. _____ El 91-1567893.
3. _____ El 07-1356815.
4. _____ El 01-1419875.
5. _____ El 08-1678923.

Here are 2 telephone call

which phrases correspond

11 **Hay dos conversaciones telefónicas mezcladas. Señala qué frases corresponden a cada una de ellas.**

▶ ¿Diga?

▶ No, llamo luego.

▶ Sí, soy yo.

▶ ¡Ah! ¿Tardará mucho?

▶ Hola, ¿está Luisa?

▶ ¿Diga?

▶ Buenas tardes, ¿está el señor Fernández?

▶ No, no está en este momento.

▶ Hola, Luisa, ¿qué tal?

▶ No, ¿quiere dejarle algún recado?

12 **¿Cuál de las conversaciones anteriores es más formal? Señala los elementos formales que contiene.**

13 **¡Mi pasaporte! Observa la viñeta y cumplimenta el documento.**

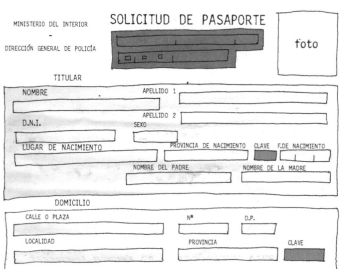

MINISTERIO DEL INTERIOR
-
DIRECCIÓN GENERAL DE POLICÍA

SOLICITUD DE PASAPORTE

foto

TITULAR

NOMBRE   APELLIDO 1

D.N.I.   APELLIDO 2

SEXO

LUGAR DE NACIMIENTO   PROVINCIA DE NACIMIENTO   CLAVE   F.DE NACIMIENTO

NOMBRE DEL PADRE   NOMBRE DE LA MADRE

DOMICILIO

CALLE O PLAZA   Nº   D.P.

LOCALIDAD   PROVINCIA   CLAVE

14 **Completa con las vocales (a, e, i, o, u) que faltan.**

s __cr __t __r __ __
__st __d __ __ nt __
m __d __c __
pr __ f __s __r
__nf __rm __r __

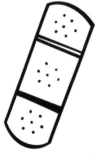

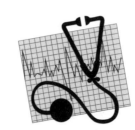

15 **Busca las palabras del ejercicio anterior en esta sopa de letras.**

M	E	D	I	C	O	J	E	R	A
R	A	H	C	A	H	I	S	E	Z
A	P	Ñ	T	S	F	A	T	A	A
Q	R	E	Y	E	O	N	U	A	E
A	O	F	I	C	Z	A	D	R	N
N	F	U	G	R	A	Z	I	E	F
Q	E	B	B	E	L	O	A	Y	E
P	S	V	R	T	V	N	N	T	R
O	O	T	O	A	U	J	T	R	M
A	R	X	R	R	L	Ñ	E	A	E
E	N	F	E	I	M	R	R	I	R
Q	P	T	A	O	D	F	H	J	A

Mi mundo

my world

1 **Busca en la sopa de letras el nombre de objetos y mobiliario del hogar.**

C	O	R	T	I	N	A	S	E
L	A	V	A	D	O	R	A	S
A	R	M	A	R	I	O	O	T
F	H	U	I	J	K	B	T	A
V	L	O	P	N	U	V	A	N
B	A	Ñ	E	R	A	E	O	T
N	I	H	E	J	U	Y	J	E
T	L	I	C	A	M	A	E	R
A	L	Y	T	O	D	N	P	I
N	A	I	A	L	D	E	S	A
A	T	O	A	L	L	A	E	V

2 **Completa el nombre de estos términos añadiendo las vocales.**

1. c__ __dr__
2. fr__g__d__r__
3. l__mp__r__
4. h__rn__

5. g__r__j__
6. m__s__ll__
7. __lf__mbr__
8. t__n__d__r

9. j__rr__
10. c__f__t__r__
11. d__ch__
12. j__b__n

3 **Escribe el plural de estas palabras (cuando sea necesario) y completa con un, una, unos y unas.**

una puerta (puertas) -doors
unas cortinas
una silla (sillas) -chairs
unas alfombras
un teléfono
una televisión (L)
un cuadro
un armario

un espejo
un sillón
una ducha
un lavabo
una cama
un fregadero
un frigorífico
una habitación

hay -there is/are

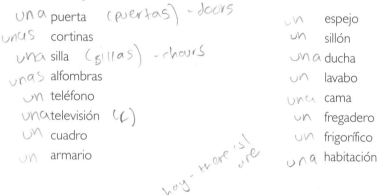
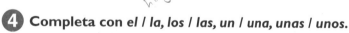

4 **Completa con el / la, los / las, un / una, unas / unos.**

1. En la cocina hay un fregadero.
2. Hay unas tazas en los armarios.
3. las botellas están en la nevera.
4. los alumnos están en la clase.
5. ¿Hay unas cucharas aquí?
6. la cama está en la habitación.
7. Hay una lámpara en el salón.

8. el coche está en el garaje.
9. Hay una cafetería en la estación.
10. el cuadro está en la pared.
11. ¿Están aquí los profesores?
12. Allí hay una cabina de teléfono.
13. los ordenadores están en el aula de informática.
14. ¿Hay unas carpetas ahí?

5 Transforma las oraciones del ejercicio anterior en negativas.

I. _____
2. _____
3. _____
4. _____
5. _____
6. _____
7. _____
8. _____
9. _____
10. _____
11. _____
12. _____
13. _____
14. _____

to make -ve
put 'no' before 'hay'
or
'no' before están, está

6 Escribe la pregunta según corresponda.

I. El cuarto de baño está al final del pasillo.

_____

2. En mi dormitorio hay una cama, una mesa y un ordenador.

_____

3. Hay veinte alumnos en el curso de alemán.

_____

4. Mi apartamento es pequeño, nuevo y moderno.

_____

5. Los vasos están en el armario.

_____

6. No, no tenemos ascensor.

_____

7. Mi piso tiene tres habitaciones y un salón.

_____

8. No, la universidad está muy cerca del casco antiguo.

_____

9. El alquiler cuesta 240,4 euros al mes.

_____

10. Mis amigos viven en un chalé al lado del mar.

_____

7 Escribe cada palabra en la columna correspondiente.

nouns/things   *describe*

- bonito
- grande
- armario
- cocina
- salón
- terraza
- piso
- pequeño
- exterior
- precioso
- garaje
- ascensor
- caro

- barato
- interior
- feo
- jardín
- antiguo
- habitación
- moderno
- bañera
- teléfono
- cortinas
- viejo
- nuevo

SUSTANTIVOS	ADJETIVOS

8 Elige cinco sustantivos y cinco adjetivos y construye frases con cada uno de ellos.

1. _____
2. _____
3. _____
4. _____
5. _____

1. _____
2. _____
3. _____
4. _____
5. _____

9 Describe tu casa actual.

_____   _____
_____   _____
_____   _____
_____   _____
_____   _____
_____   _____

10 Ésta es tu casa y quieres venderla. Escribe un anuncio en el periódico.

Advert to sell piso here

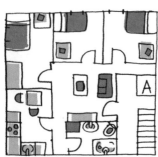

or How many

11 **Lee estos titulares. Completa con** *cuántos / cuántas* **y contesta a las preguntas.**

EN ESPAÑA SE HABLAN CUATRO LENGUAS: ESPAÑOL, GALLEGO, CATALÁN Y VASCO

ACCIDENTE EN LA M-30. DOS MUJERES DE 30 Y 32 AÑOS MUEREN Y UN HOMBRE DE 60 AÑOS RESULTA HERIDO

DOS JÓVENES JAPONESES TRABAJAN EN EL FAMOSO BAR DE COPAS TORO'S

A OCHO ESTUDIANTES EXTRANJEROS LES TOCA EL GORDO DE NAVIDAD

DETENIDAS OCHO PERSONAS POR EL ATRACO A UN BANCO

35 NUEVAS PÁGINAS WEB SOBRE VIVIENDAS

1. ¿.......... jóvenes trabajan en Toro's?

2. ¿.......... personas mueren en el accidente de la M-30?

3. ¿.......... hombres resultan heridos en el accidente de la M-30?

4. ¿.......... lenguas se hablan en España?

5. ¿A .... estudiantes extranjeros les toca el gordo de Navidad?

6. ¿A .... personas detienen por el atraco al banco?

7. ¿.......... páginas web nuevas hay?

8. ¿.......... mujeres mueren en el accidente?

12 **Conjuga los siguientes verbos en presente.**

All regular.   p. 28 in Alumno.

COMER

CENAR

DESAYUNAR

ESCRIBIR

BEBER

LEER

13 Transforma los infinitivos en formas de presente.

1. Juan .... (levantarse) a las 8:30 todos los días.
2. Normalmente Pablo .... (ducharse) muy tarde los fines de semana.
3. Tú .... (ducharse) todos los días por la mañana.
4. Nosotros .... (ponerse) los pantalones en invierno.
5. Yo .... (llamarse) Rubén.
6. ¿Cómo .... (apellidarse) Ramón?
7. ¿Cuándo .... (levantarse) normalmente?
8. ¿A qué hora .... (irse) Juan al trabajo?
9. Yo .... (lavarse) los dientes por la noche.
10. Pedro .... (apellidarse) Martínez.

14 Escribe qué haces un día normal.

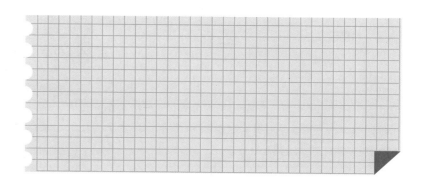

15 Escucha y marca las horas.

2:35   7:50   12:45   4:40

8:10   5:05   9:25   1:20   5:55

16 Escribe las horas que marcan estos relojes.

1. *Son las diez y cuarto.*
2. son las _____
3. _____
4. _____
5. _____
6. _____

1 Crucigrama.

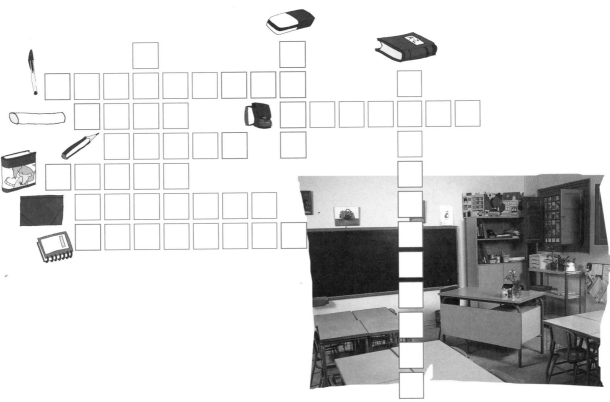

2 Escribe nombres de objetos de la casa, adjetivos de descripción, objetos de clase y lenguas.

Objetos de la casa	Adjetivos de descripción	Objetos de la clase	Lenguas

3 Escribe debajo de cada dibujo la preposición o adverbio correspondientes. Después, búscalos en la sopa de letras junto con otros dos.

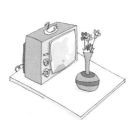

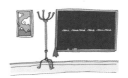

H	D	E	T	R	A	S
E	E	E	T	F	A	I
N	L	O	N	J	U	T
F	A	F	G	T	D	A
R	N	J	V	L	R	M
E	T	V	A	H	T	O
N	E	N	T	R	E	Ñ
T	G	E	T	J	I	N
E	D	E	B	A	J	O

4 Mira el dibujo de la actividad 1 del Libro del Alumno. Hay ocho borradores escondidos. Búscalos y escribe dónde están.

1. El borrador está en la pizarra.
2. _____
3. _____
4. _____
5. _____
6. _____
7. _____
8. _____

5 Completa con el / la, los / las, un / una, unos / unas.

1. En..la.. clase hay..una.. pizarra.
2. Hay..un.. cuaderno encima de..la.... mesa.
3. ..las....alumnos están en....una.. biblioteca.
4. ..la....papelera está al lado de..la... puerta.
5. ¿Dónde están..las.... mapas de España?
   los

6. Hay....un.. bolígrafo debajo de..una.. silla.
7. Aquí hay.....un.... lápiz.
8. ..los.. bolígrafos están allí.
9. ..el....ordenador está encima de..la... mesa.
10. ¿Está...la.. profesora detrás de ..los.. alumnos?

6 Completa con está, están y hay.

1. Los alumnos..están.. en la clase.
2. ..hay..un cuaderno al lado del diccionario.
3. ¿Qué..hay.. en la clase?
4. La mochila..está..debajo de la mesa.
5. ¿Dónde..está.. mi libro?
6. Las tizas..están..al lado de la pizarra.

7. ¿..hay..una ventana en la clase?
8. El borrador..está.. ahí.
9. No..hay..tizas para escribir en la pizarra.
10. Aquí..están..los diccionarios.
11. Debajo de la silla..está..una goma. hay
12. Allí..está..la profesora.

7 Forma frases con un elemento de cada columna.

▶ ¿Hay
▶ ¿Están
▶ ¿Está

▶ los libros
▶ tizas
▶ mi mochila
▶ los alumnos
▶ un bolígrafo
▶ mi carpeta
▶ un ordenador
▶ mi diccionario

▶ encima de la mesa?
▶ en la clase?
▶ aquí?
▶ debajo de la mesa?
▶ al lado de la puerta?
▶ allí?
▶ ahí?

8 Observa el siguiente dibujo y responde a las preguntas.

1. ¿Hay televisión? _____
2. ¿Está el diccionario entre el niño y la mesa? _____
3. ¿Es moderno el armario? _____
4. ¿Cuántos cuadernos hay? _____
5. ¿La estantería está enfrente de la cama? _____
6. ¿Está la alfombra al lado de la puerta? _____
7. ¿Dónde está la radio? _____

9 **Lee y completa con los verbos _ser, tener_ o _llevar_.**

I. .... viejo y bastante gordo. .... el pelo corto. .... bajo y feo. .... bigote y .... gafas.

2. .... el pelo rubio. .... joven, alta y muy guapa. .... sombrero.

3. .... moreno. .... el pelo corto. .... muy guapo. .... gafas. .... alto y delgado.

10 **Observa estos dibujos: son los amigos de Rebeca. Completa el texto y, después, escribe el nombre debajo de cada uno.**

Éstos son mis amigos. Ana estudia arquitectura. (I).......... baja y morena. (2) .... gafas. Juan es el novio de Ana. Estudia derecho. Es moreno y alto. (3) .... el pelo rizado y los ojos negros. El hermano de Juan se llama Eduardo. (4) .... alto y moreno. Tiene el (5) .... corto y lleva bigote. Isabel (6) .... muy guapa. Es rubia. Tiene el pelo muy largo y liso. (7) .... sombrero. Andrés es mi novio, no es muy alto y (8) .... un poco gordo. Tiene barba. Raquel es mi mejor amiga. Es morena y alta. (9) .... el pelo corto y liso. Es bastante gorda. Yo soy rubia y delgada. Tengo el (10) .... corto y rizado y llevo gafas.

11 **Describe a estos personajes famosos y lee una de las descripciones a tus compañeros.**

12 **Escribe en el lugar que corresponda.**

I. El contrario de viejo.
2. El contrario de gordo.
3. El contrario de bajo.
4. El contrario de joven.
5. El contrario de moreno.
6. El contrario de feo.

I. | J | O | V | E | N |
2.
3.
4.
5.
6.

13 Observa los diferentes tipos de coches y, a partir de ellos, describe el carácter de los posibles conductores.

14 Escribe c, q o z en este texto.

La _asa _ue tiene _arolina está en el _as_o viejo de la _iudad. Es pe_ueña, pero muy
a_ogedora. Está en una _ona muy tran_uila, _er_a de un par_ue.
_arolina vive en la _alle _ifuentes. Es una _alle muy _omer_ial. Hay un supermer_ado, una farma_ia,
un _uios_o, una ofi_ina de _orreos, y muchas más _osas. También, _er_a de su _asa hay una pla_a
muy famosa.

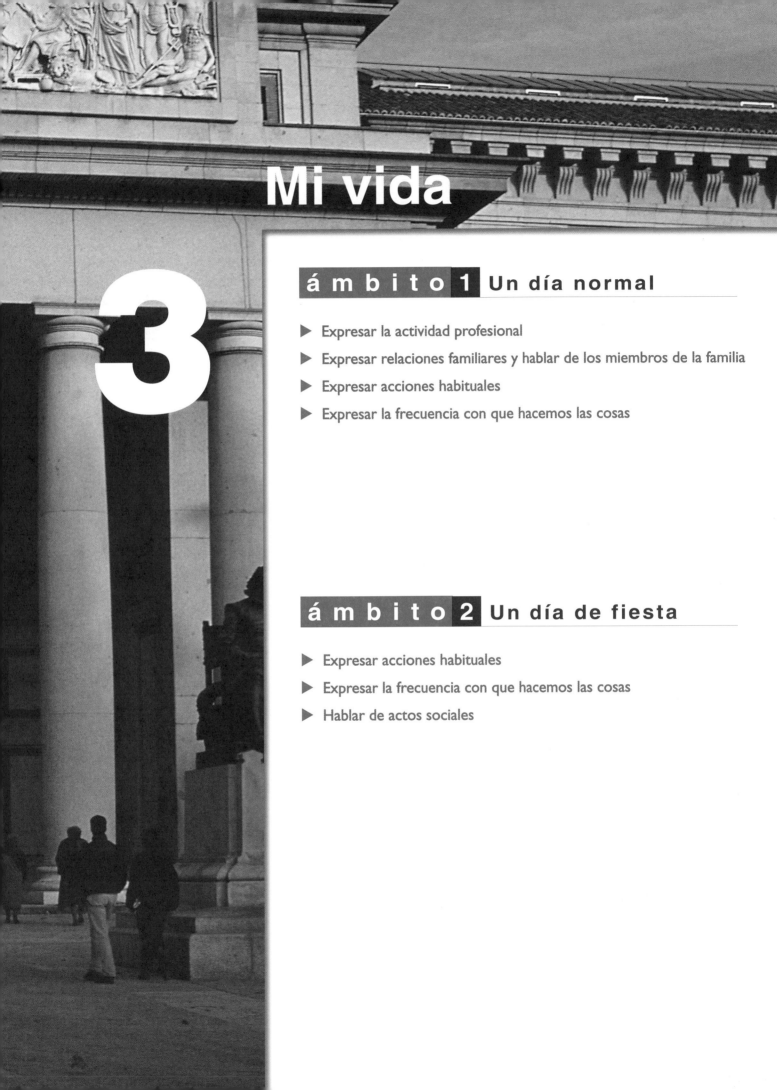

Mi vida

3

1 **Escribe el femenino de las siguientes profesiones.**

1. médico .....médica..........
2. mecánico .....mecánica.....
3. secretario .....secretaria.....
4. bombero .....bambera.....
5. cantante .....cantante.....

6. peluquero .....pelvquera.....
7. enfermero .....enfermera.....
8. arquitecto .....arquitecta.....
9. periodista .....periodista.....
10. futbolista .....futbolista.....

hairdresser
nurse
architect
journalist
footballer

some m/f —
singer

Quiero ser...

2 **Relaciona las profesiones con los lugares de trabajo (usa el diccionario si lo necesitas).**

1. enfermera
2. futbolista
3. secretaria
4. camarero
5. mecánico
6. dependiente
7. ama de casa
8. peluquero
9. periodista
10. policía
11. profesor

▶ hospital
▶ oficina
▶ bar
▶ casa —*house*
▶ comisaría
▶ taller *workshop*
▶ periódico
▶ colegio
▶ supermercado
▶ campo de fútbol
▶ peluquería

3 **Completa con *un / una*.**

1. ...un..... hospital
2. ...una..... oficina
3. ...un..... colegio
4. ...una..... peluquería
5. ...un..... supermercado

6. ...un..... autobús
7. ...una..... comisaría —*police station*
8. ...una..... ciudad
9. ...un..... bar
10. ...un..... taller

4 **En parejas. Pregunta a tu compañero y completa el cuadro.**

ALUMNO A

1. Pregunta a tu compañero.

Ej.: *¿Qué hace Ana?*

  ¿Dónde trabaja Juan?

2. Ahora, contesta a sus preguntas.

	PROFESIÓN	LUGAR DE TRABAJO
ANA		colegio
JUAN	médico	
ANTONIO		restaurante

ALUMNO B

1. Ahora contesta a sus preguntas.

2. Pregunta a tu compañero.
Ejs.: *¿Dónde trabaja Ana? ¿Qué hace Juan?*

	PROFESIÓN	LUGAR DE TRABAJO
ANA	profesora	
JUAN		hospital
ANTONIO	cocinero	

5 **Observa este árbol familiar.**

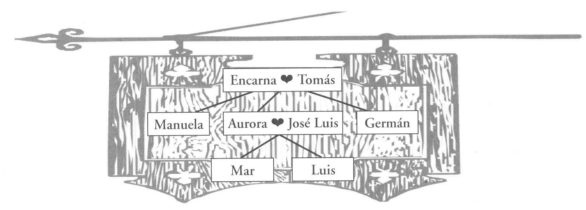

1. Busca en esta sopa de letras ocho palabras relacionadas con la familia.

P	A	D	R	E	H	J	E	R	A
R	A	H	C	A	I	T	O	E	Z
A	P	Ñ	T	E	J	A	T	I	A
Q	R	E	Y	V	O	N	Ñ	A	D
A	I	F	H	N	Z	A	I	R	O
N	A	D	G	H	A	Z	N	E	S
Q	A	B	U	E	L	O	E	Y	O
A	X	V	R	R	V	N	U	T	B
O	B	T	O	M	U	J	E	R	R
A	C	X	R	A	L	Ñ	S	A	I
E	D	C	Q	N	T	U	I	O	N
Q	P	T	A	O	D	F	H	J	A

2. Escribe las palabras encontradas en el lugar correspondiente.

I. José Luis es el .... de Mar y Luis.

5. Encarna es la .... de Tomás.

2. Germán es el .... de Encarna y Tomás.

6. Mar es la .... de Encarna.

3. Manuela es la .... de Luis.

7. Los .... de Mar y Luis se llaman Tomás y Encarna.

4. El .... de Aurora y Manuela es Germán.

8. Mar es la .... de Germán.

3. Escribe las palabras del ejercicio anterior en la columna correspondiente.

MASCULINO	FEMENINO	SINGULAR	PLURAL

6 Con estas expresiones, completa las preguntas y respuestas siguientes.

🌿 ¿Tienes hermanos?

🌿 ¿Quién es éste?

🌿 No, estoy casada.

🌿 ¿Tus padres están divorciados?

🌿 Es periodista.

🌿 No, no tengo.

🌿 Tiene 24 años.

I. A: ¿Cuántos años tiene tu novio?

B: _____

2. A: _____

B: Sí, dos hermanas y un hermano.

3. A: ¿A qué se dedica tu padre?

B: _____

4. A: _____

B: Es mi novio.

5. A: ¿Estás soltera?

B: _____

6. A: ¿Tienes hijos?

B: _____

7. A: _____

B: No, mi madre es viuda.

7 Dibuja tu árbol familiar y explícaselo a un compañero.

8 Completa cada pregunta con una de estas palabras.

quién	qué	cuántos	cómo	quiénes	dónde

I. ¿............................ hijos tenéis?

5. ¿............................ son éstos?

2. ¿A .... se dedica tu padre?

6. ¿............................ trabaja tu madre?

3. ¿............................ se llama tu hermano?

7. ¿............................ años tiene tu abuela?

4. ¿............................ es éste?

8. ¿A .... te dedicas?

9 **Relaciona estas respuestas con las preguntas anteriores.**

a. Tiene setenta años.

b. No tenemos hijos.

c. Es médico.

d. Éste es mi tío Juan.

e. Se llama José Luis.

f. Soy estudiante.

g. Trabaja en un colegio. Es profesora.

h. Éstos son mis amigos.

10 **Adivina adivinanza. Relaciona las columnas.**

1. El hijo de mi hermano es

2. La hermana de mi padre es

3. La madre de mi madre es

4. Mi hermano no está casado.

5. La hija de mi madre es

6. El hijo del hermano de mi padre es

☞ mi hermana.

☞ mi primo.

☞ mi sobrino.

☞ mi abuela.

☞ está soltero.

☞ mi tía.

11 **Transforma el infinitivo en la forma verbal adecuada.**

1. Ella, los martes y los jueves, ... (trabajar) en un supermercado.

2. Yo .... (beber) agua después de las comidas.

3. Su hermana .... (andar) 2 kilómetros todos los días.

4. Mi perro .... (comer) carne, pero no .... (comer) pescado.

5. Ellos .... (vivir) en la sierra de Madrid.

6. Nosotros .... (lavar) la ropa dos veces a la semana.

7. Ella .... (comprar) el periódico todos los días.

8. Vosotros .... (hablar) francés e inglés.

9. Ella .... (escribir) poesías.

10. Tú .... (cantar) jotas en la ducha.

12 **Sustituye el infinitivo por la forma verbal adecuada.**

1. Él .... (decir) su nombre correctamente.

2. Tú .... (soñar) con fantasmas.

3. Los niños y yo nos .... (dormir) muy pronto todos los días.

4. Yo .... (preferir) el invierno, pero ella .... (preferir) el verano.

5. Ella .... (acostarse) a las diez.

6. Este avión .... (volar) muy bajo.

7. Juan .... (mentir) mucho. Es un mentiroso.

8. Tu padre y tú .... (empezar) a trabajar muy pronto.

9. Este niño no .... (sentarse) en la silla, es muy nervioso.

10. María .... (vestir) muy bien.

13 Completa las formas verbales.

ir	voy	vas	va	vamos	vais	van
entrar						
hacer						
dormir						
levantarse						
poner						

14 Completa con la forma correcta.

Los señores Martínez .... (*ir*) al cine los domingos. Todos los días .... (*trabajar*) ocho horas. .... (*comer*) en un restaurante, pero .... (*cenar*) en casa. Después .... (*ver*) la televisión o .... (*escuchar*) la radio. A las doce .... (*acostarse*). .... (*levantarse*) temprano.

15 Escribe cuándo realiza Carmen estas actividades: por la mañana, por la tarde o por la noche.

Ej.: *9.30*   *se levanta*   *por la mañana.*
     Carmen se levanta por la mañana a las nueve y media.

1. 16.45   monta en bicicleta   _____

2. 13.22   lee el periódico   _____

3. 18.05   ve la televisión   _____

4. 14.30   come   _____

5. 23.30   va de copas   _____

16 Completa con la forma verbal correcta.

Los Rodríguez .... (*levantarse*) a las ocho y media, ... (*ducharse*) en diez minutos; después .... (*desayunar*).

Los Rodríguez .... (*trabajar*) juntos en una empresa de coches. .... (*entrar*) al trabajo a las nueve y media. A las doce y cuarto descansan, ... (*beber*) un refresco y se .... (*comer*) un bocadillo. A la una menos cuarto continúan con su trabajo hasta las tres y media. Van a su casa, allí .... (*hacer*) la comida y .... (*comer*) a las cuatro. Duermen la siesta hasta las cinco y diez. Juntos .... (*comprar*) en un supermercado todo lo necesario para la comida del día siguiente. Después .... (*ir*) a ver una película al cine.

A las diez y veinte regresan a su casa, ... (*cenar*) y .... (*sentarse*) a ver la televisión; les gustan los programas de concurso.

Por la noche .... (*leer*) un libro o .... (*escuchar*) la radio antes de dormir. .... (*acostarse*) a las doce y media, pero antes .... (*fregar*) los platos y .... (*lavar*) la ropa.

17 Mira las fotos y escribe la frecuencia con que realizas estas actividades.

> Siempre
> Normalmente
> A menudo
> A veces
> Nunca

Ej.: *Siempre juego al fútbol los domingos.*

18 Busca siete lugares de trabajo en esta sopa de letras.

A	G	S	U	P	E	R	M	E	R	C	A	D	O
J	K	F	S	E	Y	B	J	L	Ñ	O	P	W	S
S	T	F	B	B	V	N	M	M	J	L	P	Q	F
U	A	P	R	F	F	T	X	R	J	E	W	W	H
I	L	O	T	B	Y	F	C	Y	Y	G	E	E	G
H	L	I	G	H	A	H	V	T	T	I	R	R	Ñ
O	E	U	O	I	K	R	B	U	H	O	Y	Y	P
S	R	Y	S	J	L	J	N	P	J	W	Y	Y	I
P	G	T	E	T	Ñ	O	F	I	C	I	N	A	P
I	F	R	I	W	P	K	M	A	O	L	I	I	P
T	D	C	O	M	I	S	A	R	I	A	O	O	O
A	S	E	U	Z	O	L	Ñ	S	P	Ñ	P	P	L
L	A	W	G	S	A	Ñ	P	Z	Ñ	P	Ñ	Ñ	L
A	S	D	F	H	G	J	K	L	Ñ	M	B	B	V

19 Completa las siguientes oraciones y haz el crucigrama.

1. Elena trabaja en un taller; es ....
2. Jacinto trabaja en un hospital; es ....
3. Rosa trabaja en un supermercado; es ....
4. Juan trabaja en una comisaría; es ....
5. Pedro trabaja en una oficina; es ....
6. Antonio trabaja en un colegio; es ....

1 **Escribe correctamente los meses del año.**

1. amoy _____

2. broutce _____

3. lbira _____

4. zroam _____

5. mdbericie _____

6. imebronev _____

7. lioju _____

8. brerfeo _____

9. niujo _____

10. roene _____

11. sogato _____

12. tepimberse _____

2 **Sustituye el infinitivo por la forma verbal correcta.**

Los carnavales .... (ser) muy divertidos, sobre todo en la zona de Los Próceres. Aquellas lindas carrozas de colores .... (venir) por la avenida Sucre y .... (terminar) aquí, en La Silsa. Las carrozas .... (desfilar) por toda la ciudad de Caracas. Muchas personas .... (disfrazarse) de personajes famosos: supermán, arlequín, cocineros, etc., y se .... (elegir) a la reina del carnaval. La fiesta .... (estar) por todas las calles, en cada plaza .... (haber) una verbena. Por ser un día festivo, la gente .... (beber) mucho y a veces hay algún problema. Todos los caraqueños .... (divertirse) hasta el amanecer.

3 **Ésta es la agenda de Laura. Ordena las páginas. Escribe las cosas que hace normalmente todos los meses a la misma hora.**

Ej.: *Laura nunca cena sola. A menudo cena a las 21.15.*

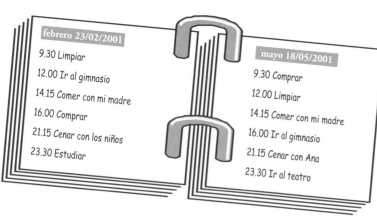

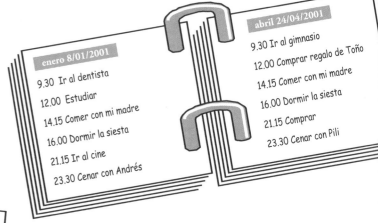

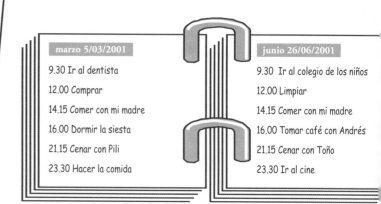

4 **Forma frases según el ejemplo.**

Ej.: *A Pepe yo le regalo un paraguas.*

_____

_____   _____

_____   _____

5 **Completa** *con me, te, le, nos, os, les.*

1. Mi abuelo .... *(a nosotros)* compra golosinas los fines de semana.

2. .... *(a él)* regalamos todos los años un disco.

3. Cuando vamos de excursión .... *(a ellos)* llevamos una tortilla.

4. .... *(a vosotros)* explicamos la gramática del español.

5. Siempre .... *(a ti)* digo lo mismo.

6. No .... *(a mí)* escuchas cuando hablo.

7. Mis padres .... *(a nosotros)* quieren mucho.

8. Todos los días .... *(a mi jefe)* entrego las cartas para que las firme.

9. Normalmente en Navidad .... *(a mis amigos)* regalamos una botella de cava.

10. .... *(a ti)* pintamos la casa todos los años.

6 **Fíjate en el cuadro y relaciona las columnas según el ejemplo.**

Ej.: *Pedro es estudiante. Estudia en la facultad. Suele ir a la facultad en metro.*

Nombres y profesiones	Lugar de trabajo	Situaciones
Ana (directora)	empresa	vive cerca del colegio
Pedro (estudiante)	banco	viaja mucho / le gusta el avión
Andrés (banquero)	colegio	viaja mucho / odia el avión
Carlos (fontanero)	casas	**no tiene coche**
Carmen (profesora)	**facultad**	es muy deportista
Raúl (profesor de gimnasia)	colegio	no le gusta el metro

Ahora haz lo mismo con tus datos personales.

7 **Forma oraciones con el verbo** *soler.*

Ej.: *Suelo ir al cine los miércoles por la tarde.*

- ir al cine
- fumar
- hacer la compra
- leer
- limpiar la casa
- ir de copas

- hacer deporte
- ir al gimnasio
- visitar a mis abuelos
- viajar al extranjero
- hablar con mis amigos

8 Escribe con qué frecuencia haces estas cosas.

9 Cuenta qué haces tú el día de Navidad; para ello utiliza los adverbios de frecuencia.

10 Señala si tú sueles o no hacer estas cosas.

	Sí	No
Suelo acostarme pronto los sábados por la noche		
Suelo estudiar español cuatro horas todos los días		
Suelo hablar en inglés en clase de español		
Suelo leer el periódico todos los días		
Suelo ver la televisión todos los días		
Suelo cenar en un restaurante chino los sábados		
Suelo levantarme pronto los domingos		
Suelo hacer mis deberes todos los días		

Escribe las respuestas sin el verbo *soler*. Utiliza *normalmente, generalmente, a menudo, con frecuencia.*

Ej.: *Yo normalmente me acuesto pronto los sábados por la noche.*

1. _____

2. _____

3. _____

4. _____

5. _____

6. _____

7. _____

8. _____

9. _____

Escucha y marca la palabra que oigas.

1
a. para
b. parra

2
a. tara
b. tarro

3
a. caro
b. raro

4
a. corro
b. carro

5
a. vara
b. barra

6
a. gorro
b. poro

7
a. grana
b. plana

8
a. pero
b. perro

9
a. tierra
b. piedra

⑫ **Escribe _r_ o _rr_.**

1. ......atón
2. sub......ayar
3. ba......o

4. ......ápido
5. is......aelí
6. pe......o

7. pue......o
8. ......egla
9. en......edar

10. co......er
11. ......epetir
12. ......eír

 ⑬ **Coloca por orden de audición.**

nana, mamá, mano, nado

 ⑭ **Escucha y marca las palabras que oigas.**

campo, canto, cambio, también, tango, tengo, tampoco, ambos, pongo, bando

⑮ **Lee este fragmento de la canción _Una rosa es una rosa,_ de Mecano, y completa las palabras que faltan.**

Quise .... la ....
más tierna del ....,
pensando que de amor
no me podría pinchar,
y .... me pinchaba
me enseñó una cosa
que una rosa es una rosa...

rosal
coger
flor
mientras

Lo normal

4

1 **Relaciona las tareas con los utensilios y aparatos.**

escoba   tendedero   cazuela   trapo

plancha   carro de la compra   lavadora   pinza   sartén

① ② ③ ④

⑤ ⑥ ⑦ ⑧

2 **Relaciona las palabras con su definición.**

▶ fregona   Instrumento que sirve para fregar el suelo.

▶ escoba   Aparato eléctrico que sirve para planchar la ropa.

▶ trapo   Dispositivo donde se cuelga la ropa después de lavarla.

▶ pinza   Objeto de madera o plástico que sirve para sujetar la ropa en el tendedero.

▶ tendedero   Recipiente para cocinar con aceite.

▶ sartén   Instrumento para barrer el suelo.

▶ plancha   Tela que utilizamos para limpiar el polvo de los muebles de madera.

▶ estropajo   Trozo de fibra vegetal o sintética que se suele usar para limpiar con agua y jabón los platos.

3 Escribe las preguntas a estas respuestas.

1. . . . . Limpio los cristales tres veces al año.
2. . . . . No, no salgo con mis amigos los domingos por la mañana.
3. . . . . Los domingos suelo ir al Rastro.
4. . . . . Después de ducharme me seco el pelo.
5. . . . . Mis padres viajan todos los fines de semana.
6. . . . . Porque me gusta viajar al sur.
7. . . . . No cocino nunca; no sé.
8. . . . . Me gusta planchar, limpiar el polvo y hacer la compra.
9. . . . . Después de cenar, lavo los platos.
10. . . . . Sí, todos los días corro una hora por el parque.

4 Escribe el infinitivo en imperativo.

1. (Terminar) . . . . los deberes.
2. (Fregar) . . . . los platos.
3. (Hacer) . . . . la cama.
4. (Bajar) . . . . la basura.
5. (Sacar) . . . . al perro.

6. (Poner) . . . . la mesa.
7. (Planchar) . . . . la ropa.
8. (Preguntar) . . . . al profesor.
9. (Escribir) . . . . una redacción.
10. (Leer) . . . . el texto.

5 Sustituye el sustantivo subrayado por el pronombre correspondiente.

1. Quiero el bolso de piel. Lo quiero.
2. Odio el chocolate.
3. Bebo café.
4. Veo la televisión.
5. Pon la radio.

6. Abre la puerta.
7. Haz la cama.
8. Leemos las noticias.
9. Escuchan música.
10. Comes la fruta.

6 Relaciona los verbos de la columna A con los sustantivos de la columna B.

A	B
LIMPIAR	AL PERRO
HACER	LA PUERTA
ABRIR	LA BASURA
CERRAR	LA CAMA
BAJAR	LA VENTANA
SACAR	LOS CRISTALES
PONER	EL N.º DE TELÉFONO DE JUAN
PEDIR	LA LAVADORA

Construye frases con los verbos y sustantivos de arriba según el ejemplo. Contesta a las preguntas.

Ej.: *¿Limpio los cristales? Sí, límpialos.*

7 Escucha y señala el número que oigas.

1. 532.000.000   **5.** 53.200.000
2. 4.030.000   **6.** 14.300.000
3. 128.000   **7.** 128.000.000
4. 235.000   **8.** 325.000

8 Escribe los siguientes números.

2.000 _____

87.956 _____

5.436 _____

345 _____

2.346 _____

2.348.765 _____

9 Mira los alimentos e inclúyelos en cada una de las tiendas donde se pueden comprar.

1. En una frutería puedo comprar _____

2. En una pescadería puedo comprar _____

3. En una carnicería puedo comprar _____

4. En una panadería puedo comprar _____

5. En una tienda de ultramarinos puedo comprar _____

6. Y en un hipermercado puedo comprar _____

10 **Adivina adivinanza. Relaciona cada columna.**

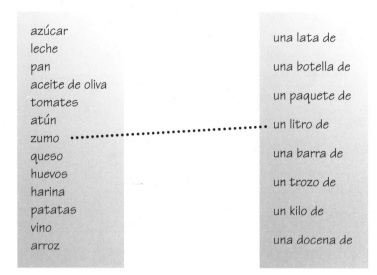

azúcar
leche
pan
aceite de oliva
tomates
atún
zumo
queso
huevos
harina
patatas
vino
arroz

una lata de
una botella de
un paquete de
un litro de
una barra de
un trozo de
un kilo de
una docena de

11 **Mira los precios de la pescadería. ¿Qué pescado o marisco es el más caro? ¿Y el más barato?**

Gambas 7,21 €

Merluza 18,03 €

Mejillones 1,8 €

Almejas 14,42 €

Calamares 7,21 €

Boquerones 4,51 €

12 **Completa con *muy* y con *mucho / mucha / muchos / muchas*.**

1. Me gustan .... las gambas en la paella.

2. Esta tortilla está .... caliente.

3. Tiene .... sal este cocido.

4. Hay .... tomates en la nevera.

5. Esta merluza está .... fresca.

6. ¡Humm! Está .... bueno.

7. Hay .... almejas en esta sopa, a mí no me gustan ....

8. Los plátanos están .... maduros.

9. Las galletas están .... duras.

10. Me gustan .... las ensaladas de tomate.

13 **Completa con *gusta* o *gustan* estas oraciones.**

1. A Nuria y a mí nos .... ver la televisión.

2. A nosotros nos .... los trajes oscuros.

3. A José le .... las casas pequeñas.

4. A Pedro y a Cristina les .... Sevilla.

5. A Laura le .... comer la carne poco hecha.

6. A vosotros os .... la camisa de cuadros.

7. A mí me .... las películas de aventuras.

8. A ti te .... ese chico.

9. A mi hermana y a mi madre les .... los sofás rojos.

10. A los turistas les .... la comida española.

14 Niega las frases del ejercicio anterior.

Ej.: **1.** *A Nuria y a mí no nos gusta ver la televisión.*

2. _____

3. _____

4. _____

5. _____

6. _____

7. _____

8. _____

9. _____

10. _____

15 Completa con los pronombres *me, te* y *le*.

1. A mí .... gustan las películas de miedo.

2. A Juan .... gusta esquiar en los Pirineos.

3. ¿A ti .... gusta la comida italiana?

4. A mí no .... gusta la verdura, pero .... gusta la fruta.

5. A Alicia .... gusta vestirse con la ropa de su madre.

6. A ti no .... gusta la sopa de marisco.

7. A Pedro no .... gusta comprar cigarrillos.

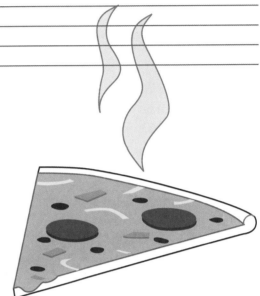

16 Completa con los pronombres *nos, os* y *les*.

1. A nosotros .... gustan los perros grandes.

2. A mi hermano y a mí .... gusta la ropa de Francia.

3. A ti y a Óscar .... gustan los gatos negros.

4. A Mariola y a Esperanza no .... gusta comer legumbres.

5. A vosotros .... gustan los zapatos blancos.

6. A ellos .... gusta ir de compras a El Corte Inglés.

7. A Noemí y a Jesús .... gustan los jerseys de rombos.

17 Completa con los pronombres *me, te, le, nos, os* y *les*.

1. A mi madre y a mí .... gustan las películas de amor.

2. A Ana y a John .... encanta viajar por Europa.

3. ¿A ti .... gustan las hamburguesas?

4. A ti y a mi padre .... gustan las ensaladas de arroz.

5. A mí .... gustan los zapatos azules.

6. A Silvia .... gusta comprar en el hipermercado.

7. A nosotros .... gustan los programas de televisión.

8. A vosotros no .... gusta cenar pasta.

9. A José Manuel .... encanta comer en casa de su madre.

10. A Antonio .... gustan mucho los muebles.

18 Ahora, escribe cinco cosas que les encanta hacer a tus amigos y cinco que odian.

Les encanta	Odian
_____	_____
_____	_____
_____	_____
_____	_____
_____	_____

19 Observa las fotografías y escribe un diálogo utilizando estas frases.

Me encantan los edificios modernos y altos.

Odio las ciudades modernas.

Odio las ciudades con coches.

Me encantan las ciudades grandes.

Odio la Torre Eiffel.

Me encanta el museo del Louvre.

20 ¿Tienes los mismos gustos? Escribe si estás de acuerdo o no con ellos.

	Acuerdo	Desacuerdo
1. A mi padre y a mí nos gusta la comida china.	A mí también.	
2. A mi abuelo le encanta leer.		
3. A mí no me gusta el pollo.		
4. Mi hermano Óscar odia la verdura.		
5. A mi amiga Elia le encantan las botas.		
6. A mi hermana le gusta mucho ir de compras.		
7. A mi novio no le gustan las corbatas.		

21 Escucha a esta persona. Está describiendo lo que mete en su mochila para el fin de semana. ¿Adónde va?

22 Relaciona las palabras con la imagen adecuada.

▶ cuadros
▶ rayas
▶ liso
▶ lunares
▶ rombos
▶ flores

23 Coloca el pronombre que necesites.

1. Me encantan estos pantalones. Me .... llevo.

2. Necesito una bufanda. Me .... llevo.

3. No me gustan esas galletas, no me .... ponga.

4. Me gusta ese jersey de rombos, me .... llevo.

5. Odio el pollo, no me .... ponga.

6. Las peras están muy buenas. Me .... llevo.

Escribe en la columna correspondiente los nombres de las partes del cuerpo que aparecen en la actividad 1 del Libro del Alumno.

femeninos	masculinos
la cabeza	el cuello
	el pie

Juan está enamorado de una extraterrestre. Lee su diario y adivina quién es.

> *Querido diario:*
> *Estoy completamente enamorado. Ella es diferente a todas las chicas que conozco, parece que no es de este mundo. Es inteligente y muy atractiva. Me vuelven loco sus narices, son perfectas. Y me encantan sus orejas. Tiene una boca preciosa, siempre sonriendo. No tiene pies, pero esto para mí no es ningún problema, la quiero igual. Sólo pienso en volver a verla y que me acaricie con alguna de sus cinco manos. Querido diario, la vida es bella.*

Imagina que estás enamorado de otro extraterrestre. Descríbeselo a tu compañero. Él tiene que dibujarlo.

TU EXTRATERRESTRE   EL EXTRATERRESTRE DE TU COMPAÑERO

4 Mira el dibujo y completa el texto.

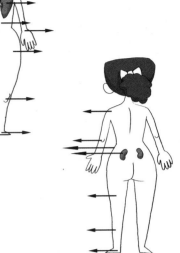

1. Los .... están en el interior de las orejas.
2. Los .... están entre el cuello y los brazos.
3. Los .... sirven para respirar y están en el interior del pecho.
4. La .... está en el interior del cuello.
5. La .... está en medio del cuerpo, y es donde nos ponemos el cinturón.
6. Las .... están a los lados del cuerpo, debajo de la cintura y encima de las piernas.
7. El .... está en el interior del cuerpo, entre la cintura y el pecho.
8. La .... está entre la mano y el brazo.
9. La .... es la parte inferior de la pierna.
10. El .... es la parte superior de la pierna.
11. La .... está en entre el muslo y la pantorrilla.
12. El .... está en la parte de detrás del pie.
13. El .... está entre el pie y la pierna.
14. El .... está entre la mano y el brazo.
15. Los .... están en el interior del cuerpo, entre la cintura y la cadera, pero por detrás.

5 Relaciona.

Me duele	► la cabeza
	► los pies
	► los oídos
Me duelen	► el estómago
	► la espalda
	► los hombros

6 Completa.

(a mí)	me duele	
	duele	
		la muela
(a nosotros / a nosotras)		
	les	

(a mí)	me duelen	
	duelen	
		las muelas
(a nosotros / a nosotras)		
	les	

7 **Escribe *tener* o *estar* en el lugar correspondiente.**

1. ¡Qué hambre ....! ¿Qué hay de comida?
2. .... muy cansado. Llevo unos días que no puedo dormir.
3. .... mucha sed. ¿Me das un vaso de agua fría?
4. ¡Qué frío ....! Claro, aquí no hay calefacción.
5. .... muy triste. No hay entradas para el concierto de Madonna.
6. ¡Qué contento ....! Mañana empiezo las vacaciones.
7. En tu casa siempre .... mucho calor.
8. Mi amigo tiene clase de inglés los sábados, así que .... muy aburrido ese día.
9. .... muy preocupado. No sé nada de Alberto.

8 **Completa con *muy, mucho, mucha, muchos, muchas*.**

1. La comida es .... buena.
2. Ana trabaja .... horas al día.
3. El niño es .... bueno.
4. Los domingos duermo ....
5. Este coche es .... caro.
6. Las calles son .... estrechas.
7. Hoy estoy .... cansado.
8. Me duele .... el estómago.
9. Esa chica es .... delgada.
10. Esa película me gusta ....

9 **Completa este diálogo.**

▶ ¡Hola, Teresa! ¿Qué tal? ¿Cómo ....?
▶ Regular. .... el estómago. Es que tomo mucho café y mucho chocolate.
▶ Pues el café y el chocolate son muy malos para el estómago. Toma té y fruta.
▶ Es que no ....
▶ ¿En serio no ....? Pues a mí ....

10 **Relaciona cada imagen con un estado de salud.**

Me encuentro... / me siento... / estoy...
... bien
... regular
... mal
... fatal

11 **Escucha y escribe qué le pasa a cada persona y por qué.**

1. _____
2. _____
3. _____
4. _____

12 Completa la tabla con las formas de infinitivo e imperativo (tú / usted).

pasar		pase
		desabróchese
sentarse	siéntate	
		tosa
respirar hondo	respira hondo	
		abra la boca
tumbarse	túmbate	
levantar los brazos		levante los brazos

13 Escribe los mismos verbos con el imperativo negativo en la columna correspondiente.

	TÚ	USTED
	no tosas	no tosa
no se desabroche		
no levantes los brazos		
no pase		
no respires hondo		
no abra la boca		
no te desabroches		
no te sientes		
no se tumbe		
no pases		
no respire hondo		
no abras la boca		
no se siente		
no te tumbes		
no levante los brazos		

14 ¿Recuerdas qué consejos te ha dado el médico en la actividad 11 del Libro del Alumno? Escríbelos.

15 **Tu compañero tiene diferentes problemas de salud. Escribe dos consejos para cada problema.**

ALUMNO A

Tengo insomnio.
_____
_____
_____

Tengo dolor de riñones.
_____
_____
_____

Estoy agotado/a.
_____
_____
_____

ALUMNO B

Tengo granos.
_____
_____
_____

Tengo tos.
_____
_____
_____

Tengo estrés.
_____
_____
_____

16 **Lee este texto y contesta a las preguntas.**

Ha llegado el mal tiempo, y con él llegan los resfriados. Te quedas afónico. Aquí tienes un remedio casero muy sencillo que te será muy útil para acabar con tus problemas. Toma a cucharaditas una mezcla compuesta de una clara de huevo batida a punto de nieve, el zumo de un limón y una cucharada de miel. Los resultados son sorprendentes.

a) ¿Para qué sirve este remedio casero?

b) ¿Cuántos ingredientes tiene este remedio?

c) ¿Necesitas azúcar para prepararlo?

17 **¿Conoces tú algún remedio para estas enfermedades? Escríbelo.**

▶ gripe _____
▶ catarro _____
▶ dolor de espalda _____
▶ mareos _____

18 **Escribe qué tienes que hacer para estar más sano.**

No tengo que fumar.

_____   _____   _____

_____   _____   _____

_____   _____   _____

19 **Mira las siguientes fotografías. Di si prefieres la playa o la montaña.**

1. Éstos son algunos objetos que son necesarios para ir a la playa o a la montaña. Busca en el diccionario las palabras que no conozcas.

- ✓ bañador
- ✓ gafas de sol
- ✓ jersey
- ✓ camiseta
- ✓ chubasquero
- ✓ toalla
- ✓ botas
- ✓ pantalón corto
- ✓ bronceador
- ✓ zapatillas

- ✓ gorra
- ✓ cazadora
- ✓ calcetines
- ✓ cámara de fotos
- ✓ bikini
- ✓ sombrilla
- ✓ gorro
- ✓ mochila
- ✓ pantalón largo
- ✓ cantimplora

2. Elige uno de esos lugares y escribe qué hay que llevar para ir a ese sitio.

Ej.: *Para ir a la playa hay que llevar gafas de sol ...*

20 **Escucha y completa este diálogo.**

A: Consulta del doctor García, buenos días.

B: Hola, buenos días .... para esta tarde.

A: Un momento, por favor. Para esta tarde es imposible, está todo completo. ¿Puede venir mañana?

B: Sí, muy bien.

A: ¿A qué hora ....?

B: Pues por la mañana, ..., sobre las nueve, más o menos.

A: ¿A las nueve y media?

B: Muy bien, a esa hora ....

A: Bueno, entonces, mañana a las nueve y media, ¿de acuerdo?

B: De acuerdo. Gracias, hasta mañana.

A: Adiós.

21 **Ahora llamas a la consulta del doctor González para pedir cita. Contesta a la recepcionista.**

22 **Te has comprado estas cosas y no puedes pagar en efectivo. Rellena este cheque.**

- ▸ mochila (18,63 €)
- ▸ bañador (27,65 €)

- ▸ gafas (31,25 €)
- ▸ pantalón (16,83 €)

Nos divertimos

5

1 **Lee este texto sobre los albergues.**

En España, cuando vamos de vacaciones, podemos dormir en varios sitios: hotel, cámping, apartamento o albergue. Todos ellos son privados excepto el albergue. El albergue es un sitio para dormir que es del Estado, y por eso tiene precios mucho más baratos. En todas las ciudades de España en donde se puede tener contacto cercano con la naturaleza hay un albergue. Normalmente necesitas un carné de alberguista, que puedes conseguir en cualquier oficina municipal de turismo. También tienes que llamar antes para reservar habitación, ya que son lugares donde va mucha gente y a veces es difícil encontrar sitio. En estos lugares, además de dormir, se pueden practicar muchos deportes, como alpinismo, senderismo o montañismo, y *rafting* o natación si están junto a un río. Son lugares donde estás muy cerca de la naturaleza y de gente muy divertida.

Contesta verdadero o falso.

1. El albergue es un sitio privado muy barato.

2. En lugares donde se tiene un contacto con la naturaleza hay albergues.

3. Para dormir en un albergue necesitas un carné.

4. El carné se consigue en las agencias de viaje.

5. Normalmente no hay mucha gente.

6. Se pueden practicar diferentes deportes.

2 **Señala la palabra intrusa.**

► coche, taxi, autobús, tren, avión

► moto, bici, coche, taxi

► bicicleta, coche, avión, barco

► azafata, revisor, conductor, capitán, paracaidista

3 **Relaciona.**

✓ avión   raíl

✓ barco   carril

✓ tren   mar

✓ autobús   carretera

✓ bicicleta   aire

4 **Alojamiento en un hotel. ¿Cuáles de estos servicios son necesarios para ti en un hotel?**

▶ párking

▶ cuarto de baño en la habitación

▶ servicio de botones

▶ aire acondicionado

▶ cama de matrimonio

▶ calefacción

▶ televisión

▶ minibar

5 **Completa con tus cinco actividades favoritas.**

Ej: *Mañana voy a comprarme un disco de jazz.*

1. La próxima semana _____

2. El mes que viene _____

3. Mañana _____

4. El sábado próximo _____

5. El verano que viene _____

6 **Escribe *ser* o *estar*.**

> Querida Laura:
>
> Esta ciudad .... muy bonita. .... en el centro de España y .... muy famosa por sus murallas. .... muy cerca de Madrid y de Salamanca. .... muy pequeña y tranquila. Tiene muchas iglesias y monumentos porque .... muy antigua. La gente .... muy amable. El único problema .... que casi siempre hace frío.

7 **Completa las frases con *muy, mucho(s)* o *poco(s).***

1. En Andalucía hace .... calor.

2. En casi toda España hace .... buen tiempo.

3. En el sur de España nieva ...., normalmente hace .... calor.

4. En Inglaterra llueve..................

5. En Suecia hay .... días de sol.

6. En Rusia hace .... frío.

7. En Madrid en verano hace .... calor.

8. En Chicago hace .... viento.

9. En Marruecos llueve .... y no hace .... mal tiempo.

10. En Londres hay .... niebla.

8 **Mira estas fotografías. Elige una y descríbela.**

9 Escribe una postal a tu amiga contándole *telling him/her* cómo es tu ciudad.

(postal con líneas para escribir)

10 Escribe el término correspondiente para estas definiciones.

1. Elevación del terreno ....ñ...

2. Gran extensión de tierra ...o...........

3. Corriente de agua que llega al mar r..............

4. Zona llana y elevada ....a

5. Zona sin vegetación ni agua d...........

6. Parte de tierra rodeada de agua por todos lados i...........

11 Mira el plano. Lee las instrucciones y escribe el nombre del lugar.

follow   *turn*

1. Sigue todo recto y gira la primera a la izquierda. Allí hay una
....

2. Sigue todo recto y toma la segunda calle a la derecha. La
.... está enfrente del hospital.

3. Sigue todo recto y al final de la calle Cisneros está el
....

4. Sigue todo recto y toma la tercera calle a la izquierda. Allí en la esquina hay un ....

5. Sigue todo recto y al final de la calle Cisneros gira a la derecha. La
.... está al lado de Correos.

beside

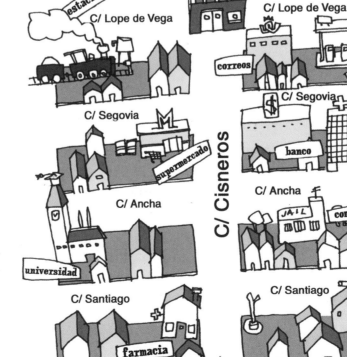

12 **Mira el plano anterior y da instrucciones a tu compañero para ir a estos lugares.**

¿Dónde hay / está ....?

1. La estación

_____

_____

_____

3. Un estanco

_____

_____

_____

2. La Universidad

_____

_____

_____

4. El Banco Central

_____

_____

_____

13 **Completa las frases con las palabras y expresiones del recuadro.**

gracias	por aquí	hay	perdone
¿la calle Segovia?	está	cerca	el Banco Central
gira a la izquierda	está lejos	oye	enfrente del
cine	al final de la calle	a unos cinco minutos	
perdona	sigue todo recto		

1. ...., ¿hay un .... por aquí?

Sí, ...

....

2. ¿...........................el hospital?

No, ... andando.

3. Por favor, ¿...?

.... y ....

4. Oiga, ..., ¿dónde .... la oficina de Correos?

5. ...., perdona, el .... está ....?

Sí, ... Ayuntamiento.

6. ¿........................... una cafetería .... de la universidad?

No, no la hay.

14 **Ahora tú vas a darle instrucciones a tu amigo Pepe para que cuide de tu perro mientras estás de viaje.**

✓ .... darle de comer dos veces al día.

✓ .... sacarlo de paseo por la mañana y por la noche.

✓ .... vigilar que no se suba al sofá.

✓ .... jugar con él un rato por la tarde.

Para preparar su comida:

✓ .... poner las galletas en agua.

✓ .... servirle agua en otro plato.

✓ .... mezclarle su medicina con la carne.

✓ .... darle la leche aparte.

15 **Busca la frase intrusa.**

Vamos

▶ a clase
▶ al museo
▶ a la mesa
▶ a la cocina
▶ a la plaza
▶ al armario
▶ a la ventana

1 En mi tiempo libre me gusta... y no me gusta...

	ME GUSTA	NO ME GUSTA
1. Las películas de ciencia-ficción		
2. Los museos de ciencia		
3. Las exposiciones de arte		
4. La música clásica		
5. La música pop		
6. El teatro moderno		
7. Las películas románticas		

2 Aquí tienes una cartelera de cine. Lee y señala las películas españolas.

CINES REINA (Casanova, 3. ☎ 910414100). Mambrú se fue a la guerra. 4, 6.05, 8.10, 10.15. V. y S., 0.30. Asfalto. 4, 6.05, 8.10, 10.15. V. y S., 0.30. La lengua de las mariposas. 4, 6.05, 8.10, 10.15. Mumford. V. y S., 1. La chica del puente. 4, 6.05, 8.10, 10.15. V. y S., 0.30.

MUNDO CINE PARAÍSO (C/ Bulevar de Pablo Prat, n.º41.C.C. Valdebernardo. ☎ 910510999 y fax 910511126). Falsas aparien-cias. 18, 20.30, 22.30. S., D. y F., 15.30, 18, 20.30, 22.30. V. y S., 0.30. S., 12. La playa. 20.15, 22.35. V. y S., 0.50. Toy Story 2. 17.30. D., 12.30. Huracán Car-ter. 19.30, 22.30. Torrente, el brazo tonto de la ley. 17.50, 22.15, 22.40. V. y S., 0.55. El sex-to sentido. 18.15, 20.30, 22.45. S., D. y F., 15.30, 18.15, 20.30, 22.45. Inocencia interrumpida. 17.30, 20.15, 22.50. D., 12.

3 Señala en esta película: el argumento (historia), el título, el director y los actores.

TODO SOBRE MI MADRE

De Pedro Almodóvar

Intérpretes: Cecilia Roth, Penélope Cruz, Marisa Paredes, Antonia San Juan, Rosa María Sardá, Candela Peña, Toni Cantó y Fernando Fernán Gómez.

Una mujer, tras la pérdida de su único hijo en un accidente de tráfico, decide reencontrar-se con un pasado que dejó de forma violenta en la ciudad de Barcelona. Allí se irá viendo cuál es la historia de esta mujer.

4 Mira otra vez la cartelera de la actividad 2. ¿Sabes, por los títulos, de qué géneros son las películas?

5 **Pregunta a tu compañero y escribe las respuestas.**

1. ¿Te gusta el cine?
2. ¿Qué género de películas te gusta más?
3. ¿Quién es tu actor favorito?
4. ¿Y tu actriz?
5. ¿Qué película te gusta más? ¿Por qué?
6. ¿Qué película odias?
7. ¿Conoces alguna película española?
8. ¿Te gusta el cine español?
9. ¿Conoces algún actor o actriz español?
10. ¿Te gusta ir al cine?
11. ¿Te gusta ir al cine solo o con amigos?
12. ¿Te gusta ver películas en la televisión?

6 **Escribe sobre tu película favorita: argumento, director y actores.**

_____
_____
_____
_____
_____
_____

7 **Busca el intruso en estas actividades.**

▶ pasear, leer, correr, viajar, caminar
▶ hacer puzzles, leer, escuchar música, corregir exámenes
▶ jugar al tenis, hacer deporte, tocar el piano, correr
▶ cine, parque, teatro, discoteca, auditorio

8 **Sopa de letras. Busca seis deportes.**

A	B	G	F	U	T	B	O	L	K	O	R
R	T	Y	Y	U	I	P	O	T	G	H	H
F	B	A	L	O	N	C	E	S	T	O	J
V	Q	W	D	S	Z	C	T	Y	I	P	M
C	A	S	R	R	T	O	R	A	D	A	N
I	E	O	I	H	Ñ	R	L	K	J	Ñ	B
C	Y	S	U	I	O	R	R	Y	Y	U	T
L	L	Q	Q	W	R	E	T	Y	K	L	Ñ
I	A	S	D	U	F	R	G	H	Y	U	O
S	K	Ñ	P	O	I	U	T	W	R	E	Q
M	D	F	G	H	J	A	Y	R	I	P	O
O	P	Ñ	B	M	F	T	R	U	W	Q	S

9 **Completa con el pronombre adecuado.**

1. (A vosotros) .... gusta leer libros de aventuras.

2. (A él) .... gusta ver películas de terror.

3. (A usted) .... gustan las naranjas.

4. (A mí) .... gustan los animales.

5. (A nosotros) .... gusta muchísimo viajar.

6. (A ti) .... gusta salir de paseo.

7. (A ellas) .... gusta bailar sevillanas.

10 **Ahora vamos a hablar de tus amigos. Completa las preguntas y responde.**

1. ¿Qué .... gusta hacer a tu mejor amigo?

_____

2. ¿Dónde .... gusta estar a tus amigos?

_____

3. ¿Cuándo .... gusta ver la televisión?

_____

4. ¿Con quién .... gusta ir al cine?

_____

5. ¿A cuál de ellos .... gusta especialmente salir de copas contigo?

_____

6. ¿A quién .... gusta jugar a las cartas?

_____

11 **Haz frases según el modelo.**

Ej.: *Me gusta el fútbol, pero odio el baloncesto.*

1. (A él) _____

2. (A todos nosotros) _____

3. (A ti y a tus amigos) _____

4. (A tus amigos) _____

5. (A ti) _____

6. (A mí) _____

12 **Señala la contestación correcta.**

1. A mí no me gusta viajar en tren.   A mí también / tampoco.

2. A ti te encanta comer chocolate.   A él también / tampoco.

3. A nosotros nos encanta estudiar.   A vosotros también / tampoco.

4. A ellos no les gusta escribir.   A nosotros también / tampoco.

5. A María le gusta viajar en metro.   A mí también / tampoco.

6. A usted no le gusta ir de compras.   A nosotros también / tampoco.

7. Nos encanta Ricky Martin.   A Sara también / tampoco.

8. Os gusta visitar a los amigos.   A ella también / tampoco.

13 **El adverbio *no* y el pronombre han desaparecido. Escríbelos cuando corresponda.**

1. A mí .... encanta Nacha Guevara y a ti también.

2. A él .... gusta escuchar música clásica y a ti también.

3. A nosotros .... gustan las gambas al ajillo y a él tampoco.

4. ¿A usted ....gusta hacer excursiones? A mí tampoco.

5. A vosotros ....encantan las fresas y a ellos también.

6. A ti .... gusta salir por la noche y a mí tampoco.

7. A todos nosotros .... gusta la idea de ir y a ti tampoco.

8. A ellos .... encanta tomar cañas y a nosotros también.

9. A vosotros .... gusta viajar en metro y a Teresa tampoco.

10. A Enrique .... gusta contar chistes y ti tampoco.

14 **Escribe el gerundio de estos verbos en el lugar que corresponda.**

▶ comer
▶ cenar
▶ escribir
▶ bailar
▶ cantar
▶ poner
▶ leer
▶ cocinar
▶ conducir
▶ montar
▶ ducharse
▶ vestirse
▶ dormir
▶ vivir

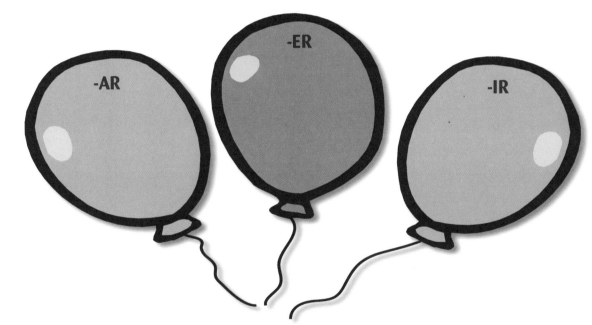

15 **Mira el siguiente dibujo y escribe qué está haciendo cada miembro de la familia.**

16 **Completa con *muy, mucho(a)(os)(as), poco(a)(os)(as).***

1. En este restaurante la comida es .... barata.

2. Ana trabaja .... horas al día.

3. Es un camarero .... simpático.

4. Los domingos duermo ....

5. Si comes .... fruta y .... grasa, tienes buena salud.

6. Mi vecino tiene un coche .... caro.

7. Hoy estamos .... cansadas.

8. Me duele .... el estómago. Tengo .... dolor.

9. Mi novio es .... gracioso. Por eso tiene .... amigos.

10. La paella nos gusta ....

17 **Escucha y completa este diálogo.**

A: Hola, buenas tardes. ¿............................ de primero?

B: Buenas tardes. Pues... sopa de verduras.

A: ¿............................?

B: ¿Qué tal es la ternera?

A: Muy buena. Es nuestra especialidad.

B: Entonces ternera.

A: ¿Le gusta .... hecha o .... hecha?

B: .... hecha, por favor.

A: Para beber tenemos agua, cerveza, refrescos y vino tinto. ¿Qué ....?

B: Vino tinto.

A: Muy bien. Gracias.

B: A usted.

B: ¿............................ un poco más de vino, por favor?

A: Sí, un momento.

A: ¿............................ de postre?

B: No sé. ¿Qué tienen?

A: Helado de vainilla, yogur, flan, arroz con leche y natillas.

B: .... helado de chocolate.

A: ¿............................ café?

B: Sí, uno con leche.

B: Por favor, ¿............................ la cuenta?

A: Sí, claro, aquí tiene, son 10,82 euros.

18 Estás en un restaurante y necesitas estas cosas. Colócalas en la columna correspondiente.

Camarero, por favor, ¿me trae un… / una…?	Camarero, por favor, ¿me trae (un poco de)…?

19 Un poco después necesitas las mismas cosas otra vez.

Camarero, por favor, ¿me trae otro… / otra…?	Camarero, por favor, ¿me trae más… / un poco más de…?

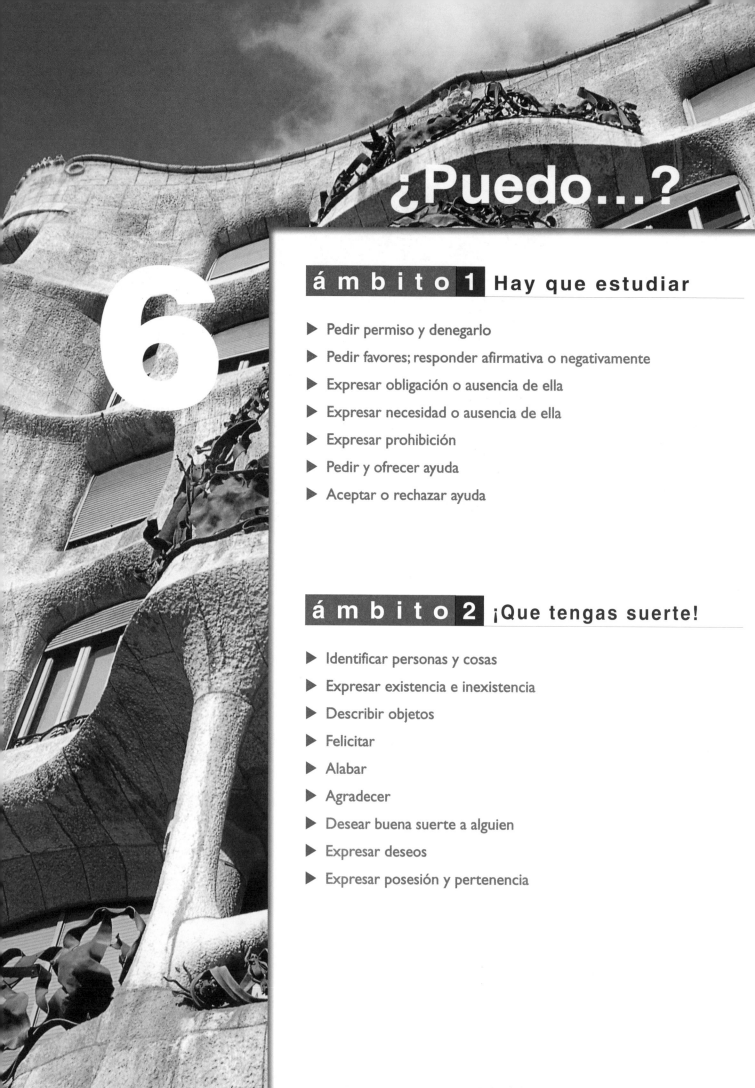

¿Puedo...?

1 **Escribe los nombres de estos sitios.**

2 **¿Cómo se llama a las personas que trabajan en estos sitios?**

3 **Pide las siguientes cosas a las personas de la actividad anterior.**

1) Camarero
café con leche, tú.

¿_____?

2) Profesor
explicar el imperativo, usted.

¿_____?

3) Dependiente
dar catálogo de viajes, tú.

¿_____?

4) Policía
denunciar un robo, yo.

¿_____?

5) Cartero
certificar este paquete, yo.

¿_____?

6) Peluquero
cortar el pelo a media melena, usted.

¿_____?

7) Interventor
cambiar dinero, nosotros.

¿_____?

8) Dependiente
dar (a nosotros) un formulario para solicitar el abono transporte, usted.

¿_____?

4 Rellena las siguientes viñetas.

1)

2)

3)

4)

5 Escucha los siguientes diálogos y señala.

	permiso	favor
1.		
2.		
3.		
4.		
5.		

6 Responde a las siguientes preguntas.

1. ¿Puedo coger el periódico? Sí, cógelo.

2. ¿Puedo salir a la calle? Sí, ...

3. ¿Puedo leer este libro? No, ...

4. ¿Puedo encender la calefacción? Sí, ...

5. ¿Puedo cerrar la ventana? No, ...

7 **Sustituye las palabras subrayadas por un pronombre.**

1. Pon la televisión.
2. Enciende la luz.
3. Coge los libros.

4. Mira el periódico.
5. Abre la ventanilla.

8 **Relaciona los elementos de las dos columnas.**

1. ¿Puedes dejarme el libro de gramática?
2. ¿Puedo ayudarlo en algo?
3. ¿Puede cerrar la puerta del ascensor?
4. ¿Puedes apagar la televisión?
5. ¿Puedo abrir la ventana?
6. ¿Puede cambiarme este billete?
7. ¿Puedes recogerme el correo?
8. ¿Puedo coger la silla?
9. ¿Puedes darme fuego?
10. ¿Puedes bajar la música?

a. Lo siento, no fumo.
b. Sí, puede ayudarme. Quiero un jersey azul.
c. Sí, puedo recogértelo.
d. Sí, ahora mismo la bajo.
e. Sí, ábrala.
f. No, es que estoy viendo una película.
g. Sí, ahora la cierro.
h. No, no puedo cambiárselo.
i. Lo siento, está ocupada.
j. No, no puedo, es que tengo que estudiar.

9 **Contesta a las siguientes preguntas. Si dices que no, no olvides explicar por qué.**

1. ¿Puedes dejarme los apuntes de clase? _____
2. ¿Puedes prestarme seis euros? _____
3. ¿Puedes dejarme el coche? _____
4. ¿Puedes acompañarme a la fiesta? _____
5. ¿Puedes dejarme el bolígrafo? _____

10 **Tu compañero va a ir a visitarte esta tarde a tu casa, pero no sabe tu dirección. Dale las instrucciones necesarias usando *Hay que* / *Tienes que* + infinitivo.**

_____   _____
_____   _____
_____   _____
_____   _____
_____   _____

11 **Escucha los siguientes diálogos e indica qué tienen que hacer las personas que hablan.**

	¿Qué le pasa?	Tiene que...
1.		
2.		
3.		
4.		
5.		

12 Escucha y copia.

1. _____   6. _____
2. _____   7. _____
3. _____   8. _____
4. _____   9. _____
5. _____   10. _____

13 Señala la sílaba fuerte de las anteriores palabras y clasifícalas.

agudas	llanas	esdrújulas

14 ¿Qué hay que hacer y qué no hay que hacer…

	Hay que…	No hay que…
para aprender bien español		
para aprobar el examen		
para hablar correctamente		
para sacar buenas notas		

15 Fíjate en las siguientes señales e indica su significado.

16 Lee las cosas que se pueden o no se pueden hacer en las escuelas españolas...
¿En tu país es igual?

En España...	En mi país...
No se puede beber alcohol en el recreo.	
Se puede jugar a las cartas entre una clase y otra.	
No se puede comer en clase.	
No se puede estar descalzo en clase.	
No se puede beber en clase.	
Se puede tutear a los profesores.	
Se puede fumar en los pasillos.	
Se puede interrumpir al profesor.	

17 Observa los dibujos y escribe frases como en el ejemplo.

¿Te ayudo a hacer fotocopias?

18 Completa las siguientes frases con el pronombre correspondiente.

1. ¿......... ayudas a estudiar?
2. Tenemos muchas cosas que hacer; ¿......... ayudas para que terminemos antes?
3. Oye, perdona, ¿......... ayudas a bajar las maletas?
4. Chicos, ¿......... ayudáis a recoger la mesa?
5. Elena, ¿......... ayudo a hacer la comida?
6. Estás muy ocupado, ¿......... ayudo en algo?
7. Chicas, ¿......... ayudamos a preparar la fiesta?
8. Carlos, ¿......... ayudamos a Marta y a ti con las cartas?
9. ¿......... ayudo, Esther?
10. María, ¿.......... han ayudado los niños?

1 Fíjate en los siguientes dibujos e identifica a los personajes.

2 Mira los siguientes dibujos. Elige uno, construye frases y descríbeselo a tu compañero.
¿Sabe él cuál es?

1. (algún) _____

2. (alguno/a/os/as) _____

3. (ningún) _____

4. (ninguno/a/os/as) _____

5. (nada) _____

6. (nadie) _____

7. (algo) _____

8. (alguien) _____

3 **Completa las siguientes frases con el indefinido necesario.**

1. No tienes que decir ....: te creo.
2. No hay .... en la clase porque todos están de viaje.
3. No he conocido a .... en mi último viaje a Suecia.
4. No hay .... gasolinera en el pueblo.
5. Tienes que comprar .... para comer esta noche.
6. ¿................ vez has ido a Granada?
7. No hay .... en el frigorífico.
8. .... verbos irregulares son difíciles.
9. ¿ .... habla francés?
10. No tengo .... de dinero.

4 **Escribe lo contrario.**

1. No tengo ninguna fotografía de Estocolmo. _____
2. He visto a alguien en el portal. _____
3. A nadie le gusta ese disco. _____
4. Hay algo de bebida en la botella. _____
5. Alguien está hablando en la escalera. _____
6. Hay alguna papelera en el parque. _____
7. He comprado alguna novela de ciencia-ficción. _____
8. En mi habitación hay algún póster. _____
9. Tengo algo de dinero en el banco. _____
10. En el zoo de Madrid hay alguna jirafa. _____

5 **Escribe el nombre de estos objetos e indica para qué sirven.**

1)

2)

3)

4)

5)

6 **Escucha y copia. Divide las palabras en sílabas.**

1. _____   6. _____
2. _____   7. _____
3. _____   8. _____
4. _____   9. _____
5. _____   10. _____

7 Escucha, escribe y señala la sílaba fuerte.

1. _____   6. _____
2. _____   7. _____
3. _____   8. _____
4. _____   9. _____
5. _____   10. _____

8 Completa el siguiente cuadro con el presente de subjuntivo.

	estudiar	escribir	tener	poner	ser	hablar
yo						
tú						
él						
nosotros						
vosotros						
ellos						

9 Relaciona los bocadillos con los personajes.

Espero que volváis pronto.

Quiero que me compres una chuchería.

Queremos que sea niño.

Deseo que me toque la lotería.

Espero que estudies más.

1)

2)

3)

4)

5)

10 Contesta. ¿Qué deseas, esperas y quieres de tus clases de español?

1. Yo espero que _____
2. Mi compañero desea que _____
3. Nosotros queremos que_____
4. Nosotros esperamos que _____
5. Mi profesor espera que _____

11 **Completa las siguientes frases.**

I. Nosotros esperamos que *(gustar, tú)* .... nuestro regalo.

2. Él quiere que *(cenar, yo)* .... en su casa.

3. Ella desea que *(terminar, nosotros)* .... los ejercicios pronto.

4. Nosotros deseamos que *(salir, vosotros)* .... esta noche con nosotros.

5. Yo espero que *(tener, ella)* .... mucha suerte.

6. Vosotros esperáis que el examen *(ser)* .... fácil.

7. Tú quieres que *(poner, él)* .... la mesa.

8. Yo quiero que me *(hacer, tú)* .... un jersey amarillo.

9. Ellos esperan que *(trabajar, él)* .... pronto.

10. Yo quiero que *(ser, tú)* .... feliz.

12 **Fíjate en las siguientes viñetas y escribe lo que pueden estar diciendo los personajes.**

13 **Completa las siguientes tarjetas.**

a) para tus amigos, que se van a vivir juntos.

b) para un amigo que se recupera en el hospital.

Queridos Alberto y Sonia:

Espero que _____

_____

_____

_____

Miles de besos,

Querido José:

Un saludo,

14 Escucha y escribe lo que opinan los amigos de Marisa sobre sus compras.

	pantalón	chaqueta	camisa	zapatos	chal
Esther					
Carlos					

15 Forma frases según el modelo.

1. *Los libros son míos. Son mis libros.*

2. El coche es vuestro. _____

3. El apartamento es nuestro. _____

4. El dinero suelto es tuyo. _____

5. El pantalón es suyo. _____

6. La moto es tuya. _____

7. La habitación es nuestra. _____

8. Las gafas son tuyas. _____

9. El jersey es suyo._____

10. El bolso es mío. _____

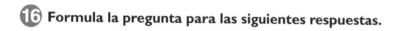

16 Formula la pregunta para las siguientes respuestas.

1. ¿...? No, no son míos los apuntes.

2. ¿...? Sí, he escuchado tu contestador.

3. ¿...? No, no tengo vuestro teléfono móvil.

4. ¿...? Sí, son nuestros los papeles.

5. ¿...? Sí, es mi casa.

6. ¿...? No, no he comprado su último CD.

7. ¿...? Sí, Elena es nuestra nuera.

8. ¿...? No, nuestra casa es aquélla.

9. ¿...? Sí, éste es mi hermano.

10. ¿...? Sí, éstos son sus libros.

¿Cuidamos el medio ambiente?

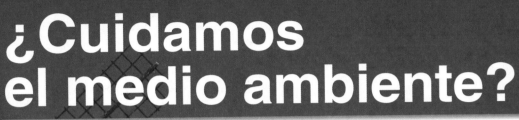

7

1 Completa con las formas correspondientes del pretérito perfecto o del infinitivo.

	yo	tú	él	nosotros	vosotros	ellos
trabajar						
				nos hemos vestido		
		has salido				
			se ha levantado			
	he comido					
					os habéis acostado	
						han visto
				hemos dicho		
romper						
	he sido					

2 Relaciona los infinitivos con sus correspondientes participios irregulares.

✓ deshacer	► recubierto
✓ descomponer	► dicho
✓ revolver	► visto
✓ soltar	► deshecho
✓ cubrir	► devuelto
✓ poner	► muerto
✓ hacer	► frito
✓ ver	► revuelto
✓ decir	► suelto
✓ devolver	► cubierto
✓ descubrir	► puesto
✓ freír	► hecho
✓ rehacer	► descubierto
✓ recubrir	► rehecho
✓ morir	► descompuesto

3 Subraya los verbos de este texto.

Tengo que levantarme temprano y desayunar rápidamente. Hoy es un día importante en mi trabajo. Me presento ante mi nuevo jefe. Tengo que vestirme bien para dar una buena impresión y tengo que llevar todos los papeles de mi currículum.

Tengo que ir en autobús a mi trabajo porque tengo el coche roto. Pero no me importa porque hay una línea de autobús muy cerca de casa.

¡Estoy nerviosa! ¡Tengo que hacerlo todo muy bien!

Ahora cambia *hoy* por *esta mañana* y pon los verbos en la forma adecuada.

.... que levantarme temprano y desayunar rápidamente. .... una mañana importante en mi trabajo. Me .... ante mi nuevo jefe. .... que vestirme bien para dar una buena impresión y .... que llevar todos los papeles de mi currículum. .... que ir en autobús a mi trabajo porque tengo el coche roto. Pero no me .... porque hay una línea de autobús muy cerca de casa. ¡...... nerviosa! ¡................. que hacerlo todo muy bien!

4 **Escribe cinco cosas que has hecho hoy antes de almorzar.**

_____
_____
_____
_____
_____
_____
_____
_____

5 **Escribe los verbos en la forma correcta.**

Moira .... *(levantarse)* temprano esta semana. Todos los días .... *(tener)* exámenes a primera hora de la mañana. Después de los exámenes .... *(ir)* a la biblioteca a estudiar, y .... *(pasar)* por la fotocopia- dora para recoger sus nuevos apuntes. Las tardes las .... *(dedicar)* a estudiar. Por las noches .... *(pasear)* un rato con su perro. Así .... *(olvidarse)* un poco del estrés y de los nervios de todo el día.

6 **Imagina que estás con un grupo de amigos de excursión y has podido hacer muchas cosas. Escribe cómo lo consideras.**

Ej.: *Hemos contado chistes toda la tarde. Ha sido muy divertido.*

1. Hemos estado caminando durante seis horas por unas montañas bastante escarpadas ....
....

2. Nos hemos reunido en el hotel y nos hemos pasado la tarde jugando a las cartas. ....

3. Nos hemos perdido en el monte y una patrulla de guardias forestales ha venido a rescatarnos......................................
....

4. Hemos encontrado muchas especies vegetales que no conocemos. Nuestro profesor de Botánica se ha puesto muy contento. ....

5. Hemos pasado toda la tarde viendo la televisión. ....
....

6. Nos han explicado cuántos senderos hay en estas montañas y cuáles son los caminos que deben seguirse. ¡Han estado hablando tres horas! ....
....

7 Completa libremente.

1. Has estado toda la mañana limpiando tu casa, no has preparado nada de comida y hace un calor espantoso. Tu mañana ha sido ......

2. Te han regalado por tu cumpleaños un cachorro de bulldog y te han llamado tus amigos desde el extranjero para felicitarte. Ha sido un día ......

3. Tu jefe te ha encargado un trabajo muy difícil y tu secretaria está enferma. Tu día ha sido ......

4. Te has recorrido todas las calles del centro de Sevilla y has visitado todas las iglesias y la catedral. Ha sido un día ......

5. Has visto esta semana siete películas y has asistido a dos conferencias sobre cine español. Ha sido una semana ......

6. Has visto un programa de televisión sobre los últimos inventos y te has quedado dormido a la mitad. Ha sido un programa ......

7. Has celebrado en tu piso una fiesta de despedida y has estado bailando hasta las seis de la mañana. Ha sido una fiesta muy ......

8. Se te ha roto el coche al salir de casa, tu jefe te ha despedido y te han robado la cartera. Ha sido una mañana ......

9. Te has estado mudando de casa durante todo el mes. Has trasladado todos los libros tú solo. Ha sido un mes ......

10. Te has encontrado con Marisa y te ha contado la boda de Pepa y Javier. Ha sido ......

8 Usa *ya* y *todavía / aún* cuando corresponda.

1. .... he hecho los trámites para mi viaje a Roma.

2. Ningún alumno me ha dicho .... que retrasa el examen.

3. No he comprado .... la maleta que me voy a llevar.

4. .... tengo el disco que me gusta.

5. No hemos tenido tiempo .... de saludar a los vecinos.

6. ¿...................... has escrito la carta que te han pedido?

7. ¡...................... no habéis limpiado vuestra habitación!

8. Han estudiado .... los tiempos de pasado.

9. Por fin, él ha comprendido .... que no lo quiero.

10. Ella no ha entendido .... que no puede jugar con sus sentimientos.

9 Claudia y Daniel han decidido irse juntos cinco días a la playa de Mazagón (Huelva). Mira sus agendas y escribe qué cosas han preparado ya para su viaje y cuáles no.

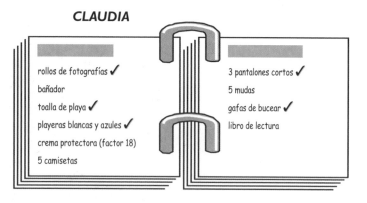

CLAUDIA

rollos de fotografías ✓
bañador
toalla de playa ✓
playeras blancas y azules ✓
crema protectora (factor 18)
5 camisetas

3 pantalones cortos ✓
5 mudas
gafas de bucear ✓
libro de lectura

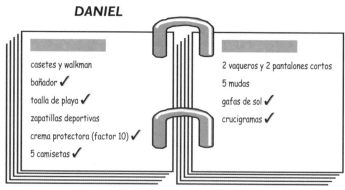

DANIEL

casetes y walkman
bañador ✓
toalla de playa ✓
zapatillas deportivas
crema protectora (factor 10) ✓
5 camisetas ✓

2 vaqueros y 2 pantalones cortos
5 mudas
gafas de sol ✓
crucigramas ✓

Ej.: *Claudia ha comprado ya los rollos de fotografía y Daniel no ha buscado todavía las casetes y el walkman.*

_____
_____
_____
_____
_____

_____
_____
_____
_____
_____

10 **Escribe frases según el modelo.**

¿Has tirado la basura? —┌─ *Ya la he tirado.*

└─ *Todavía / aún no la he tirado.*

1. ¿Has visitado Segovia?

2. ¿Has usado papel reciclado?

3. ¿Habéis depositado las pilas en los contenedores?

4. ¿Ha separado los vidrios del papel para reciclar?

5. ¿Se han apuntado a una ONG?

6. ¿Han preparado las próximas vacaciones?

7. ¿Has tenido examen de gramática?

8. ¿Has llamado a tu novio?

9. ¿Habéis jugado un partido de fútbol?

10. ¿Ha comido tortilla de patatas?

11 **Escribe la palabra que corresponde en la casilla.**

1. Cosa que se puede utilizar.

2. Objeto que puede arder con facilidad.

3. Agua que se puede beber.

4. Objeto que se puede reciclar.

5. Material que no permite la entrada del agua.

6. Dicho que se puede creer.

7. Persona que muestra mucha amabilidad.

8. Algo que se puede vender.

9. Algo que se puede soportar.

10. Algo que no se puede conseguir o hacer.

12 **Encuentra el término intruso.**

alcantarilla, fábrica, papel, desperdicios, contenedor
escombros, basura, papel, desperdicios, trituradora
papel, vertedero, cartón, plástico, vidrio
degradación, vertidos, contaminación, ecológico, polución

13 **Escribe las palabras que faltan.**

Podemos aprovechar mejor los .... naturales del planeta. La vida ha ido complicándose poco a poco de manera que los hombres no pueden vivir sin determinados adelantos .... ¿Alguien piensa lo que puede ser nuestra vida sin la lavadora, por ejemplo? ¿Y sin los aviones? Pero ¿adónde van a dar las aguas sucias de las lavadoras? ¿Y los .... de los aviones? En cualquier caso, no podemos vivir sin los .... tecnológicos. ¿Qué sería de nosotros sin la luz eléctrica o sin papel? Lo que tenemos que hacer es .... el gasto y .... todo lo que desechamos.

14 **Elige la opción correcta.**

1. He leído que en el pueblo de María han instalado una .... Así solucionarán sus problemas de agua.

   a) alcantarilla
   b) depuradora
   c) fábrica

2. Los .... incontrolados son un mal cada vez más frecuente.

   a) plásticos
   b) desperdicios
   c) vertidos

3. En el Ayuntamiento de mi pueblo quieren potenciar el .... entre toda la población.

   a) reciclaje
   b) escombro
   c) cartón

4. Yo creo que todavía hay pocos .... en las ciudades para reciclar papel y vidrios.

   a) vertederos
   b) escombros
   c) contenedores

5. Los contenedores verdes son para ....

   a) reciclar papel
   b) reciclar vidrio
   c) reciclar plástico

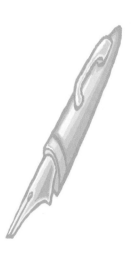

15 **Escucha estas palabras y marca las sílaba tónicas.**

▶ mariposa   ▶ calavera   ▶ Cantabria
▶ rompelo   ▶ escucha   ▶ entremes
▶ climatico   ▶ enfermedad   ▶ importacion
▶ lastima   ▶ lagrimas   ▶ plomizo
▶ montañoso   ▶ arenoso   ▶ nevado

Después coloca el acento según las normas ortográficas.

16 **Escucha y marca la sílaba tónica. Pon el acento donde corresponda.**

alfombra   caseta   colchoneta
palido   camara   interprete
trenza   mampara   callejuela
tuna   opinion   telescopio
pilon   severidad   ordenanza
vieira   lampara   matricula
ocio   abrigo   humanidad
animal   bufanda   condiciones

1 Fíjate bien en este mapa de Hispanoamérica y completa con los adverbios correspondientes.

I. Bolivia está .... de Venezuela.

2. Argentina está .... de Chile.

3. Cuba está .... de Centroamérica.

4. México está .... de Guatemala.

5. Ecuador está .... de Perú.

6. Argentina está .... de México.

7. Uruguay está .... del océano Atlántico.

8. Ecuador está .... de la selva amazónica.

2 ¿Estás comprometido con el medio ambiente? Compruébalo después de responder a estas preguntas.

I. Ves un polluelo en medio de la calle porque se ha caído del nido y todavía no sabe volar. ¿Qué haces?

  a) Lo ignoras y lo dejas donde está. La vida es dura para todos.

  b) Te lo llevas a casa. Servirá para hacer una paella.

  c) Lo cuidas en casa hasta que pueda valerse por sí mismo.

  d) Lo entregas a la asociación municipal protectora de animales.

2. Tienes todos los libros y apuntes del curso pasado, que ya no te sirven para nada.

a) Los tiras a la basura. Ya no te sirven...

b) Haces tiras con ellos y montas una fiesta en la plaza.

c) Los echas en un contenedor de reciclaje de papel.

d) Los entregas en la Universidad. Allí sabrán qué hacer con ellos.

3. Has tenido varias fiestas con tus amigos esta semana, y toda la casa está llena de botellas vacías.

a) Las tiras a la basura de tres en tres para que no abulten tanto.

b) Las guardas para romperlas con tus amigos en la próxima fiesta.

c) Las lavas y las tiras en el contenedor de reciclaje de vidrio.

d) Se las dejas a tu vecina delante de la puerta, por si le sirven para algo.

4. El cenicero de tu coche está lleno de colillas y basura.

a) Lo vacías en la carretera para que salgan volando para todos lados.

b) En el próximo semáforo abres con disimulo la puerta y lo vacías en la calle.

c) Lo vacías en la papelera de la gasolinera cuando limpias el coche.

d) Se lo dices al mecánico, que te va a hacer el cambio de aceite.

5. Tienes muchas pilas almacenadas.

a) Las tiras a la basura de una en una para contaminar menos.

b) Las tiras al embalse de agua de la ciudad. Nadie las va a descubrir en el fondo.

c) Las depositas en el contenedor de pilas.

d) Las dejas abandonadas en el banco de la esquina. Alguien sabrá qué hacer con ellas.

6. Eres el dueño de una fábrica que contamina el río de una ciudad.

   a) Explicas con argumentos que tienes que fabricar plásticos. La vida es dura para todos.

   b) Pones a funcionar la fábrica por la noche. Así nadie se entera. Además, como están durmiendo no respiran el aire contaminado.

   c) Buscas otra maquinaria que no contamine.

   d) Compruebas cuál es el fallo y lo reparas. Así puedes estar un par de años más.

7. Tienes un coche muy viejo que quema mal y echa mucho humo.

   a) Sigues con el coche porque es divertido verlo por el espejo cuando conduces.

   b) Sigues con él porque tampoco lo usas tanto. Además, muchas personas son fumadoras...

   c) Vendes el coche a la chatarra y usas los transportes públicos.

   d) Le regalas el coche a un amigo que está aprendiendo a conducir. Así puede practicar.

8. Te has ido de excursión con unos amigos. ¿Qué haces con los desperdicios?

   a) Los dejas en el campo. Servirán de abono.

   b) Los entierras metidos en un plástico. Nadie va a descubrirlos.

   c) Los guardas en una bolsa de basura y los tiras en el contenedor de basura.

   d) Los metes en una bolsa de basura y los dejas al principio del camino. El guardia forestal sabe qué hacer con ellos.

3 Corrige los errores lingüísticos de estas frases.

1. Yo ha estado aquí varias veces.

2. Estamos a casa de Pedro.

3. Todavía ha venido Juan con sus amigos.

4. Voy en la calle para dar un paseo.

5. Entramos fuera de la casa.

6. Siempre miras la televisión cuando la tienes detrás de ti.

7. Han cortado el árbor en la plaza.

8. Habéis hablando con teléfono por María.

9. Se ha caído el jarrón y se ha rompido de tres pedazos.

10. Está palido porque ha tomado sol.

4 Escribe los nombres correspondientes a estas definiciones.

1. Gran elevación natural del terreno.

2. Corriente de agua continua que desemboca en el mar.

3. Llanura entre montañas.

4. Abertura, generalmente en una montaña, por la que salen de tiempo en tiempo gases, lava y fuego.

5. Ribera del mar, formada por arenas y de forma plana.

6. Mar muy grande, que está entre continentes.

7. Agua helada que cae de las nubes suavemente.

8. Lugar lleno de árboles y plantas silvestres.

9. Serie de montañas enlazadas entre sí.

10. Sitio ameno, lleno de hierba, que sirve de paseo en algunos pueblos.

5 Escribe la preposición que falta en estas frases.

1. Hemos estado viajando .... toda Colombia.

2. Salimos .... Venezuela la semana próxima.

3. Me voy .... Argentina en barco. Quiero hacer un crucero.

4. ¿Vas .... la plaza de España? Pues te acompaño.

5. Sólo habéis llegado .... el mercado. Hay que caminar más.

6. Ecuador está .... el continente americano.

7. Te mandamos esta postal .... Perú.

8. .... Bolivia .... México hay miles de kilómetros.

9. La cordillera de los Andes recorre Sudamérica .... el norte .... el sur.

10. Guatemala está .... Centroamérica.

11. ¿Os váis .... Panamá de vacaciones?

12. Juan ha viajado .... Cuba y Puerto Rico.

13. Sé que quieres ir .... Honduras, pero desconozco los motivos.

14. Te llamo .... Nicaragua. Es un país precioso.

15. .... San Salvador .... Madrid no hay vuelo directo.

6 **Fíjate en el dibujo y coloca los adverbios y preposiciones que faltan en este texto.**

MI CASA FAVORITA

Sólo tengo 12 años, pero ya sé cómo va a ser mi casa. Hoy he tenido un sueño y he visto cómo va a ser la casa que quiero. Voy a describirla:

Es pequeña y tiene dos pisos. Está .... el campo. Tiene .... un parque muy bonito. Allí hay árboles, uno .... otro. Mi casa está .... el río. .... el río hay un puente muy antiguo que une el pueblo.......... la gran ciudad. .... el puente hay una pequeña playa adonde vamos a bañarnos todos los .... pueblo cuando hace mucho calor.

.... la casa tengo un pequeño jardín .... el que voy a plantar rosas y lechugas (¡me encantan las lechugas!). Ya he dicho que mi casa tiene dos pisos. .... el piso de .... hay dos grandes ventanales y .... el piso .... están la puerta y una ventana. .... la ventana voy a plantar rosas, para verlas desde mi sillón cuando leo y escucho música.

Como la zona es muy tranquila, puedo pasear .... bicicleta .... el campo, ... el puente .... mi casa. Otras veces salgo a pasear y camino .... el prado que está un poco ...., pero me viene bien caminar. A veces tomo el autobús que va .... la gran ciudad y me deja .... la puerta .... casa.

7 **Completa el texto con las palabras que están en el recuadro.**

en, ahora, miel, en, sus, delante de, todavía, playa, mujer, sin, con, muchísimo, las, mermelada

Esta mañana me he levantado temprano y me he duchado. He preparado el desayuno (una tostada con mantequilla y ...., zumo de naranja y café ....leche). Luego he cerrado la maleta y he llamado a un taxi.

Ahora, camino del aeropuerto, pasa toda mi vida .... mí. He vivido con Juan durante dos años. Nos hemos querido .... y hemos vivido momentos emocionantes. Todos los recuerdos se agolpan en mí. Recuerdo nuestra boda .... Oviedo. Recuerdo nuestro viaje de luna de .... a los Alpes suizos. Recuerdo .... regalos. Recuerdo .... llamadas telefónicas desde la .... (él de vacaciones y yo en la oficina ....). ¡Recuerdo tantas cosas! Pero .... voy a subirme al avión y a marcharme de España y de su vida. Tengo que aprender a vivir .... él. La razón es muy sencilla: he sabido que está casado .... Granada con otra ....y que tiene tres hijos.

8 **Escribe un texto en pasado con estas palabras.**

montaña, alpinista, chocolate, nieve, perro, helicóptero, esquí

9 **Marca la palabra que escuches.**

busco / buscó
lástima / lastima
salto / saltó
toco / tocó
hablo / habló

paró / paro
escucho /escuchó
pelo / peló
ensucio /ensució
cantó / canto

10 **Escucha atentamente y marca la frase que oyes.**

¿Quiere venir? / Quiere venir

Vienes mañana a casa / ¿Vienes mañana a casa?

¿Me lo ha comprado? / ¡Me lo ha comprado!

¡Eres un tonto! / Eres un tonto

Hay un problema / ¿Hay un problema?

Te da asco / ¿Te da asco?

¡Qué coche tienes! / ¿Qué coche tienes?

11 **Define las palabras siguientes.**

amable
nevado
sucio
reciclable
contaminación

Hablemos del pasado

8

1 Escribe la forma correspondiente del indefinido.

	trabajar	cantar	ver	nacer	vivir
yo					
tú					
él					
nosotros					
vosotros					
ellos					

2 Relaciona.

1. nacer → nacimiento

2. morir →

3. vivir →

4. estudiar →

5. trabajar →

6. viajar →

7. descubrir →

3 Completa las siguientes frases con la forma verbal adecuada.

1. El año pasado (trabajar, nosotros) .... para pagarnos los estudios.

2. El mes pasado (hablar, él).................. con sus padres por teléfono.

3. Ayer (visitar, él) .... Barcelona.

4. Anteayer (comprar, ellos) .... una casa.

5. Anoche (conocer, yo) .... a las amigas de tu vecina.

6. En 1970 (nacer, ella) .... mi hermana pequeña.

7. En enero de 1999 (terminar, él) .... su carrera.

8. Aquel año (empezar, nosotros) .... a salir.

9. Ese año (encontrar, ella) .... trabajo.

10. El 14 de marzo de 2000 (cumplir, ellos) .... su primer aniversario.

4 ¿Qué hiciste cuando...

1.

2.

3.

4.

5.

5 **Forma frases como las del ejemplo.**

1. Cuando terminó los estudios, se marchó de viaje.

Al terminar sus estudios se marchó de viaje.

2. Cuando acabó de estudiar, buscó trabajo.

3. Cuando alquiló su primer piso, la ayudaron sus padres.

4. Cuando visitó Nueva York, compró muchos regalos.

5. Cuando acabó de cenar, se fue a dormir.

6. Cuando salimos de viaje, llevamos muchas maletas.

7. Cuando publicó su primer libro, tuvo mucho éxito.

8. Cuando fuimos a la playa, nos pusimos muy morenos.

9. Cuando vio la película, se enamoró del actor.

10. Cuando se casó, dejó de trabajar.

6 **Escucha y marca el acento de intensidad de las palabras que vas a oír.**

1. termino

2. termino

3. sali

4. fuiste

5. salimos

6. nacio

7. conocimos

8. vino

9. viajo

10. viajo

7 **Escribe las cosas que hiciste o dejaste de hacer la semana pasada.**

✓ Salir con los amigos
✓ Hacer deporte
✓ Ir al cine
✓ Ir al banco
✓ Pasear por la ciudad
✓ Cortarte el pelo
✓ Escribir cartas
✓ Mandar un correo elec- trónico

_____

_____

_____

8 **Fíjate en los acontecimientos más importantes de la vida de Esther y Carlos y relaciónalos con el tiempo actual, según el ejemplo.**

1. **2.** **3.** 4

Se conocieron en 1998.

Hace x años que se conocieron

_____   _____   _____

9 Piensa en los cinco acontecimientos más importantes de tu vida y relaciónalos con el tiempo actual.

19	Hace...
	_____
	_____
	_____
	_____

10 Completa el siguiente cuadro con las formas de pretérito indefinido.

	estar	ser	morir	leer	poder
yo					
tú					
él					
nosotros					
vosotros					
ellos					

11 Escucha e indica si es verdadero o falso.

	verdadero	falso
Fueron a Madrid.		
Perdieron las maletas.		
Llovió.		
Les gustó El Retiro.		
Montaron en barca.		
Visitaron el Museo del Prado.		

12 **Completa estos diálogos.**

1.

2.

3.

4.

5.

13 **Completa las siguientes frases con las formas verbales adecuadas.**

1. Ayer *(tener, ellos)* .... un niño precioso.

2. El fin de semana pasado *(estar, nosotros)* .... en Segovia.

3. El domingo por la tarde *(quedarse, él)* .... en casa preparando el examen.

4. En marzo *(viajar, ellos)* .... por Andalucía.

5. El martes pasado *(ir, ellos)* .... a comprar muebles para su casa.

6. Anoche la policía *(detener)* .... a los ladrones.

7. Los alumnos *(hacer, ellos)* .... el examen la semana pasada.

8. Anteayer *(aparcar, yo)* .... el coche en un párking.

9. Hace diez años *(comprar, él)* .... el piso.

10. Ayer *(sentir, yo)* .... un dolor inmenso en la cabeza.

14 **Aquí tienes los datos personales de Jorge Andrade; escribe con ellos su biografía. No olvides colocar los signos de puntuación necesarios.**

1960. Nace en Barcelona.

1965. Se traslada con su familia a vivir a Londres.

1966. Comienza a estudiar.

1978. Termina el Bachillerato.

1979. Regresa a Barcelona y comienza la carrera de Derecho.

1983. Conoce a María en la universidad.

1984. Termina la carrera. Se casa con María.

1990. Comienza a trabajar en un despacho.

1991. Nace su primer hijo. Se trasladan a vivir a Madrid.

1996. Nace su segundo hijo. Tiene un accidente de tráfico.

2000. Vuelve a Barcelona.

1 Escucha a estas personas que hablan sobre el último cuarto del siglo XX en España y completa el siguiente cuadro cronológico.

Año	Acontecimiento
1975	
1977	
1981	
1982	
1986	
1992	
2000	

2 ¿Cuándo ocurrieron estos acontecimientos? Sitúalos en el tiempo e indica el país en el que se celebraron.

Las Olimpiadas

Las Olimpiadas de x fueron en x.
Las Olimpiadas tuvieron lugar en el año x.

La Exposición Universal

1.

2.

El Mundial de Fútbol

La Cumbre Hispanoamericana

Cumbre Mundial sobre las Mujeres

3.

4.

5.

3 Alberto es muy despistado y ha mezclado fechas y acontecimientos. Ayúdalo a ordenar cronológicamente estos acontecimientos.

1. El primer trasplante de corazón se hizo después del descubrimiento de la estructura del ADN, pero no fue en 1997.

2. El nacimiento del primer bebé probeta fue en 1978.

3. La clonación de un ser vivo no fue ni en 1967 ni en 1953.

Primero

Año	Acontecimiento científico

4 ¿Cómo valorarías estos temas?

TELEVISIÓN

GUERRA

PELÍCULAS
CIENCIA-FICCIÓN

PAZ

TELÉFONO MÓVIL

MODA

5 Completa el cuadro con las formas de pretérito indefinido.

	construir	dar	decir	repetir	poner
yo					
tú					
él					
nosotros					
vosotros					
ellos					

6 ¿Qué cosas hiciste el fin de semana pasado que no has hecho éste?

El fin de semana pasado _____   Este fin de semana _____

_____   _____

_____   _____

7 Ordena cronológicamente, empezando por lo más próximo, estos marcadores y escribe una frase con cada uno.

► El último verano ......   ► Hace cinco años ......

► Esta primavera ......   ► Este año ......

► En 1990 ......   ► Esta mañana ......

► Anoche ......

8 Completa las siguientes frases con las formas de pretérito perfecto y pretérito indefinido adecuadas.

1. Esta mañana (desayunar, yo) .... muy tarde.

2. El lunes pasado (hacer, ellos) .... una pancarta.

3. Hace un rato (ver, yo) .... las noticias en la televisión.

4. Paz (vivir) .... mucho tiempo en Barcelona.

5. ¿Alguna vez (comer, tú) .... comida china?

6. Anoche (atropellar, él) .... a un perro en la autopista.

7. El domingo pasado (llegar, nosotros) .... tarde al aeropuerto.

8. En 1997 (ganar, yo) .... mucho dinero en la lotería.

9. Este año (hacer, yo) .... pocos viajes de fin de semana.

10. En 1990 (comprarse, él) .... su primer coche.

9 Clasifica las siguientes expresiones.

Esta tarde   Esa semana   El mes pasado   Alguna vez

Hoy   Nunca   Hace un rato

Esta semana   Esa tarde

Hace cinco años

En febrero   AYER

Cercanas	Lejanas

10 Marca con una cruz si las siguientes frases se refieren a un pasado cercano o a un pasado lejano.

	cercano	lejano
En 1990 murieron muchas personas en las carreteras españolas.		
Esta tarde me he comprado el último disco de Rosana.		
Hace un rato que han llamado por teléfono a Luis.		
El 5 de julio de 1970 empezó a trabajar.		
Este año no he comprado lotería.		
Aquél fue un mal año para la economía española.		
El fin de semana pasado cenamos en un restaurante árabe.		
Nunca he visto una película de Corea.		
Hace cinco años que se casaron.		
El último invierno fuimos a esquiar a Sierra Nevada.		

11 Completa las siguientes frases.

1. El verano de 1999 ....

2. El miércoles pasado ....

3. Esta madrugada ....

4. Esta tarde ....

5. El .... de .... de 19............

12 Completa con la ayuda del diccionario y de tu profesor.

▶ Alojamientos:

▶ Cosas necesarias para viajar:

▶ Acciones:

13 Completa esta carta con los tiempos de pasado necesarios.

¡Hola, Luisa!

¿Qué tal? Te escribo para contarte mi fantástico fin de semana en la playa. (Regresar) .... esta mañana y (ponerse) .... a escribirte. (Salir) .... el viernes por la tarde y (llegar) .... a las 7 a Benidorm. (Estar) .... tres días allí. El viernes por la noche (ir) .... a una discoteca y (bailar) .... muchísimo. (Acostarse) .... a las 4 de la madrugada. El sábado (levantarse) .... temprano y (estar) .... todo el día en la playa. Allí (conocer) .... a un chico guapísimo. (Comer) .... en un restaurante con él. Por la tarde, (pasear) .... por la ciudad con mis amigos. Ayer, domingo por la mañana, (hacer) .... algunas fotos en la playa, pero (olvidarse) .... la cámara de fotos en el chiringuito. ¡Cuando se entere mi hermano...! Este fin de semana (ser) .... increíble. Bueno, escribe pronto.

Un beso,

14 ¿Qué cosas te gustaron o encantaron de tu último viaje?

	Me encantó Me encantaron	Me gustó mucho Me gustaron mucho	Me pareció bien Me parecieron bien
La gente			
El paisaje			
Los hoteles			
Los monumentos			
El clima			
Los museos			
El ambiente			

15 Escucha e intenta distinguir ll de y.

16 Escucha y completa con el nombre adecuado.

1. Persona que habla poco: ....
2. Bastón que utiliza el pastor: ....
3. Imperativo (usted) del verbo ir: ....
4. Pared (de madera) que rodea un terreno: ....
5. Cultura de los indígenas mexicanos: ....
6. Pantalón elástico: ....

17 Señala las palabras que escuches.

▶ calló ▶ raya
▶ cayó ▶ ralla
▶ maya ▶ huya
▶ malla ▶ hulla
▶ haya ▶ poyo
▶ halla ▶ pollo

18 Escribe las palabras que escuches.

LL	Y

19 Escucha y completa.

1. Los habitantes de Paraguay se llaman ....
2. El .... sirve para parar los ....
3. Nos .... para escuchar al ....
4. La .... de la .... está rota.
5. Yo nunca he conocido a un ....
6. El .... está anclado cerca de la ....
7. Yo nunca como .... desnatado.
8. Se .... porque tropezó con el .... de la acera.
9. Nunca .... en público.
10. .... el collar en la ....

Recuerdos de la infancia

9

ámbito 1 Así éramos

- ▶ Describir lugares, personas y cosas del pasado
- ▶ Hablar de acciones habituales en el pasado
- ▶ Valorar el carácter de una persona en el pasado
- ▶ Hablar de deseos y gustos en el pasado
- ▶ Expresar cambios (físicos y de personalidad)
- ▶ Expresar cambios en los hábitos

ámbito 2 Todo cambia

- ▶ Expresar cambios (físicos y de personalidad)
- ▶ Expresar la continuidad de características físicas y de personalidad
- ▶ Expresar cambios en los hábitos
- ▶ Narrar hechos del pasado y describir a sus protagonistas y los lugares en que sucedieron
- ▶ Hablar de hechos concretos y de acciones habituales en el pasado

1 Completa el cuadro.

	trabajar	dormir	querer	vivir	preferir	pintar
yo	trabajaba				prefería	
tú			querías			
él		dormía				
nosotros						
vosotros						pintabais
ellos				vivían		

2 Escribe el imperfecto de estos verbos.

✓ ser .... ✓ comer .... ✓ venir ....

✓ sentir .... ✓ reír .... ✓ salir ....

✓ pensar .... ✓ tener .... ✓ andar ....

✓ hablar .... ✓ ir .... ✓ ver ....

Ahora indica cuáles son regulares y cuáles no. ¿Cuál es la regla para formar los imperfectos?

Los que terminan en .... hacen el imperfecto en ...., y los que terminan en .... lo hacen en ....

3 Completa estas frases con pretérito imperfecto.

1. Cuando (ser, yo) .... pequeño, (leer, yo) .... muchos cuentos.

2. Normalmente (levantarse, nosotros) .... tarde los domingos.

3. Siempre (ir, yo) .... a la piscina en verano.

4. Todos los días (llegar, vosotros) .... tarde a clase.

5. Nunca (ir, tú) .... a la discoteca.

6. Siempre (acostarse, ellos) .... a las doce de la noche.

7. A menudo (salir, nosotros) .... con los amigos.

8. Los fines de semana frecuentemente (ver, yo) .... la televisión porque no me (gustar) .... salir.

9. Cuando (ser, nosotros) .... jóvenes, no (pensar, nosotros) .... en el futuro.

10. De pequeño (hacer, yo) .... teatro en la escuela.

4 Transforma las frases anteriores utilizando *soler* + infinitivo.

1. *Cuando era pequeño solía leer libros.*

2. _____

3. _____

4. _____

5. _____

6. _____

7. _____

8. _____

9. _____

10. _____

5 Escribe los femeninos de estos animales.

perro

león

caballo

gato

conejo

tigre

burro

toro

6 Este texto está en presente. Cámbialo a pasado y fíjate en si tienes que cambiar los adverbios.

Hoy Cristina se levanta temprano. Se dirige al baño, dispuesta a darse una ducha rápida. Se mira en el espejo. Tiene buena cara. Muestra signos de sueño, pero es feliz. Piensa en Enrique y sonríe. Recuerda los ratos que pasan juntos. Se prepara el desayuno, hace un zumo de naranja, calienta la leche y hace café. Pone unas tostadas en el tostador. Mientras desayuna, escucha la radio. Por las mañanas hay un programa de entrevistas que le interesa mucho. Más tarde coge todos sus papeles y sale para la oficina. Saca el coche del garaje y conduce con cuidado. "Hoy puede ser un gran día", piensa. Y vuelve a sonreír.

7 Observa esta viñeta y responde a las preguntas. Imagina que era la escuela donde estudiaba tu abuelo.

1. ¿Era una escuela moderna? ¿Cómo era?

2. ¿Los alumnos llevaban uniforme?

3. ¿El profesor era alto, guapo y moreno?

4. ¿Qué había en la clase?

5. ¿Qué hacían los estudiantes?

6. ¿Qué castigos les ponía el profesor a los alumnos cuando no sabían la lección?

8 **Relaciona los elementos de cada columna y haz el mayor número de oraciones posible con el verbo en pasado.**

✓ Todos los días   ▶ yo   ▶ salir   ☞ de excursión

✓ Frecuentemente   ▶ tú   ▶ escribir   ☞ en el colegio

✓ Muchas / pocas veces   ▶ Antonio y Rebeca   ▶ ir   ☞ enfermo

✓ Algunas veces   ▶ vosotros   ▶ estar   ☞ poemas

    ▶ quedarse   ☞ de casa

    ▶ ver   ☞ la televisión

    ▶ tocar   ☞ el piano

9 **Estas personas están hablando de su infancia. Escucha con atención y escribe cuáles son sus recuerdos.**

A. _____

B. _____

C. _____

D. _____

10 **Escribe los adjetivos que correspondan.**

1. Una persona que sólo piensa en sí misma es ....

2. Una persona que cuenta cosas de otras personas que no son verdad es ....

3. Una persona que siempre dice la verdad es ....

4. Una persona que dice cosas que no son verdad es ....

5. Una persona a la que le cuesta mucho hablar con los demás es ....

6. Una persona que ve la vida de "color de rosa" es ....

7. Una persona que todo lo ve de forma negativa es ....

8. Una persona de 19 años es ....

9. Una persona que siempre cuenta chistes es ....

10. Una persona que piensa y reflexiona antes de hacer las cosas es ....

11 **Escribe el contrario de los adjetivos anteriores y defínelos.**

1. _____

2. _____

3. _____

4. _____

5. _____

6. _____

7. _____

8. _____

9. _____

10. _____

12 **Escucha esta entrevista y responde a las preguntas. Si no consigues todos los datos, pregunta a tu compañero.**

1. ¿Qué hacía en Budapest?
2. ¿Cuánto tiempo estuvo allí?
3. ¿Dónde vivía?
4. ¿Cómo era el apartamento?
5. ¿Tenía muchos amigos?
6. ¿Cómo era la vida?
7. ¿Le gustaba la comida?
8. ¿Qué hacía los fines de semana?

El Parlamento de Budapest

13 **Escribe frases que expresen cambios en las situaciones que te damos.**

	ANTES	AHORA
tener novio	_____	_____
leer poemas	_____	_____
montar a caballo	_____	_____
trabajar	_____	_____
estudiar	_____	_____
llevar pendientes	_____	_____
regalar una rosa	_____	_____
hacer senderismo	_____	_____
ir de vacaciones	_____	_____

14 **Completa estas frases.**

ANTES

1. Dormía 10 horas.
2. .... cartas.
3. Salía de copas.
4. Me .... la música rock.
5. No llevaba pendientes.
6. A menudo íbamos de excursión.
7. .... novelas románticas.
8. Hacía aerobic.

AHORA

.... 8 horas.
No escribo.
No .... nunca.
Me gusta la música clásica.
.... tres en cada oreja.
Nunca .... de excursión.
Leo novelas históricas.
.... yoga.

15 **Acentúa correctamente las frases siguientes.**

1. Te he preguntado si querias te.
2. El me ha dicho que el mercado de su pueblo es antiguo.
3. Mis problemas solo me interesan a mi.
4. A ti no pienso contarte eso.
5. Se que voy a conseguir que se venga conmigo.
6. Si vienes esta tarde te va a explicar que se va de vacaciones.
7. Tu me has dicho que no te interesa.
8. Nos ha guiado el, que conoce bien la zona.
9. El que lo ha dibujado debe presentarlo ante el jefe.
10. De oportunidades y le responderan que si a todo.

1 Pon la forma correcta de *seguir* y *seguir sin*.

1. Juan .... hablando despacio en las conferencias.

2. Matilde .... hablar despacio en las conferencias.

3. Algunos .... comprometerse con la naturaleza.

4. Nadie .... estudiando en esas condiciones.

5. Ella .... poder enfrentarse a los problemas.

6. Nosotros .... reciclando papel.

7. Vosotros .... hacer una vida sana.

8. Yo .... leyendo libros de aventuras porque me gustan mucho.

9. ¿Tú .... comer chocolate para no engordar?

10. M.ª Jesús .... cambiar de carácter.

2 Lee estas frases. Luego escribe un pequeño texto que describa cómo eran Tomás y Lola.

▶ Tomás se ha vuelto simpático.

▶ Tomás ha dejado de estar encerrado en su habitación

▶ Tomás sigue sin hacer gimnasia.

▶ Tomás sigue teniendo un buen corazón.

▶ Lola se ha vuelto un poco egoísta.

▶ Lola ha dejado de recibir a sus amigos.

▶ Lola sigue sin leer libros.

▶ Lola sigue siendo cortés y educada.

3 Observa los dibujos. Escribe qué cosas siguen haciendo estas personas, qué cosas han dejado de hacer y qué cosas siguen sin hacer. Después, diles a tus compañeros cuántas cosas de las que hay en los dibujos has dejado de hacer, sigues haciendo y sigues sin hacer.

1960

①

②

③

④

4 Observa los dibujos y escribe una frase debajo de cada uno siguiendo el ejemplo.

Emma antes era simpática.   *Ahora se ha vuelto antipática.*

5 En estas frases no hay correspondencia entre la expresión temporal y el tiempo verbal. Cambia la expresión de tiempo.

Ej.: *El año pasado voy de vacaciones al Caribe.*
Este año voy de vacaciones al Caribe.

1. Antes hablo con Juan por las tardes.

2. La semana pasada voy a cambiarme de piso.

3. Todos los veranos salí al extranjero.

4. Normalmente hicimos el trabajo juntos.

5. En 1998 estudio en la Universidad.

6. Hace dos días va a venir Juan y me va a decir lo que quiere.

7. Por las tardes salí de paseo todos los días.

6 Éste es Ernesto. Aquí tienes algunas características de su personalidad y de su vida. ¿Cuáles son las diferencias?

ANTES   AHORA

1._____   **1.**_____
2._____   **2.**_____
3._____   **3.**_____
4._____   **4.**_____
5._____   **5.**_____
6._____   **6.**_____
7._____   **7.**_____

7 Sustituye la oración en negrita por un adjetivo.

1. Marina es una mujer **que come mucho.**

2. Ellos han tenido un accidente **que no podía evitarse.**

3. Su vecina tiene una enfermedad **que no tiene cura.**

4. Vosotros habéis entregado un trabajo **que me ha interesado mucho.**

5. Tu contrato es de los **que se pueden renovar.**

6. A ellos les pidieron las respuestas **que eran verdad.**

7. A ti te regalaron un ordenador **que "piensa" por sí mismo.**

8. Éstas son las condiciones **que mejor se ajustan a tus necesidades.**

9. Pedrito es un niño **que está siempre riendo.**

10. Es una historia **que te hace llorar.**

8 Escribe la preposición adecuada.

1. Llegamos .... las cuatro de la madrugada.

2. .... la mañana se encontraron con Luis.

3. .... las diez .... las doce están en mi despacho.

4. Escribió la novela .... marzo de 1965.

5. Estamos .... sábado y todavía no he terminado el trabajo.

6. .... las tardes, Ana sale con sus hijas al parque.

7. .... abril .... agosto estaré en Estados Unidos.

8. .... 1997 .... 1999 trabajó en la empresa de su padre.

9. Quedaba con sus amigos los sábados .... la noche.

10. Vino .... las seis y no se marchó .... las diez.

9 En las siguientes frases las preposiciones están mal utilizadas. Corrígelas.

1. Todos los días, en las mañanas, nos encontramos cuando vamos a trabajar.

2. Voy a casa de Francisco todos los días sobre la tarde.

3. Hasta las ocho y desde las diez estaré de compras.

4. Por 1987 viajó a París, donde comenzó sus estudios universitarios.

5. Se preparó los exámenes a marzo.

6. Vivo en México hasta 1996.

7. Por fin, a diciembre, encontró un piso de alquiler a buen precio.

8. Le gustaba tocar el piano hasta que era pequeño.

9. Trabajó en esa empresa desde 1999; ese año lo despidieron.

10. Quiero que estés en casa por las diez de la noche.

10 Busca el intruso en estas palabras.

1. alegre, rojo, desagradable, mentiroso, tonto

2. reía, solía, comisaría, tenía, sentía

3. cantábamos, llegábamos, íbamos, lanzábamos, paseábamos

4. chismoso, mentiroso, tímido, egoísta, pesimista

11 **Completa con el verbo en la forma correcta.**

> disparar, subir, contemplar, seguir, tener, matar, fumar, coger, cerrar, sentarse, entrar, abrir, sentir, observar, sacar, meter, colocar, ir, regresar, preguntar, ser, conservar, beber

El Coronel .... un hombre de mal carácter y pocas palabras. .... alto y muy delgado, y su rostro se asemejaba al de un cadáver, pero todavía .... algo del hombre atractivo que fue en otros tiempos. En el pueblo todos le .... miedo porque contaban que en una ocasión .... a un hombre simplemente por llevarle la contraria. Todas las tardes .... al bar al atardecer; .... solo en un rincón y .... la caída del sol. .... constantemente y .... mucho, más de lo aconsejable para su edad. La mayor parte de las veces .... a su casa borracho, cayéndose al suelo cada dos pasos. Yo .... una gran curiosidad por saber cosas de su vida, por lo que .... a unos y a otros, pero nadie me decía nada, ni siquiera mi madre, que con frecuencia me contestaba: "Niña, no menciones su nombre en esta casa". Yo lo .... e, incluso, lo vigilaba (siempre he sentido atracción y admiración por personajes trágicos, perversos, perdedores, irracionales). En una ocasión lo .... hasta su casa. .... en ella dando gritos y patadas; .... a su habitación, ... una botella de brandy y comenzó a beber. A los pocos minutos, ... una pistola del cajón de la mesilla, ... una bala en el cargador y lo hizo girar. A continuación, ... el cañón junto a la sien y .... Yo .... los ojos aterrorizada; cuando los ...., allí seguía él. Estaba temblando; sus ojos reflejaban perfectamente el miedo y el terror a la muerte, pero, al mismo tiempo, el deseo de acabar para siempre. Guardó la pistola y dijo: "Mala suerte, Coronel. Mañana tendrás que intentarlo otra vez".

12 **En grupos. Construid una historia con estos elementos.**

13 Escucha y señala la palabra que oigas.

1.

bata	pata	teja	deja	casa	gasa
vaso	paso	tomar	domar	coma	goma
piba	pipa	cata	cada	acotar	agotar
cebo	cepo	coto	codo	saca	saga
bala	pala	pita	pida	cato	gato
batata	patata	termo	dermo	manco	mango

2.

para	parra	pero	perro	amara	amarra
vara	barra	moro	morro	ahora	ahorra
caro	carro	mira	mirra	cero	cerro

3.

molo	mulo	mimo	memo	pisar	pesar
modo	mudo	lona	luna	tila	tela

14 En parejas. Buscad palabras, grupos de palabras y frases según estos esquemas de acentuación.

1. __ __ ´__ __   ´__ __ __   __ ´__

2. ´__ __   __   __ ´__ __   __ ´__ __   __ ´__

3. __   __ ´__ __   ´__ __   __ ´__ __   __   __ ´__ __

Y mañana, ¿qué?

10

1 **¿Qué les deparará el futuro? Construye oraciones según el ejemplo.**

Yo, de mayor, seré médico.
Por eso, curaré a muchas personas e investigaré nuevos medicamentos.

2 **¿Cómo será el futuro de Manolito? Transforma los infinitivos en futuros y completa el texto.**

Manolito *(ser)* .... un buen estudiante e *(ir)* .... a la universidad. Allí *(conocer)* .... a unos amigos con los que *(formar)* .... un grupo de rock. Al principio *(tocar)* .... en el garaje de Manolito, pero en seguida *(dar)* .... conciertos en bares de moda. *(Actuar)* .... más tarde con su grupo en un auditorio y *(hacerse)* .... famoso. *(Vivir)* .... una historia de amor con la guitarrista de su grupo, pero no *(casarse)* .... con ella, sino con una admiradora, con la que *(ser)* .... muy feliz. *(Tener)* .... dos hijos. De mayor *(vivir)* .... en el campo con su familia, y en su tiempo libre *(jugar)* .... al golf.

Escucha y comprueba.

3 **Relaciona.**

✓ inventar ▶ Perder una planta su aspecto verde y fresco. Quedarse sin agua un río, una fuente.

✓ investigar ▶ Transformar o aprovechar una cosa para un nuevo uso o destino.

✓ conservar ▶ Crear o descubrir, con estudio y habilidad, una cosa nueva.

✓ crear ▶ Intentar llegar a conocer una cosa estudiando, pensando o preguntando.

✓ secarse ▶ Encontrar lo que no se conocía o estaba oculto.

✓ agotar ▶ Gastarlo todo; acabar con una cosa.

✓ desarrollar ▶ Mantener o cuidar una cosa para que dure.

✓ destruir ▶ Producir una cosa.

✓ descubrir ▶ Hacer crecer o aumentar algo; mejorar.

✓ reciclar ▶ Romper o hacer desaparecer. Hacer que una persona o cosa deje de ser útil.

4 **Lee los siguientes titulares y escribe qué pasará mañana.**

Julio Iglesias en el Teatro Monumental
1)

Conferencia de Gabriel García Márquez en Lisboa
2)

Presentación de la moda otoño-invierno
3)

Visita del Rey Juan Carlos a México
4)

5 **Escucha las siguientes noticias y completa con el futuro correspondiente.**

I. Antonio Banderas .... a Málaga con su familia para promocionar su última película

2. El presidente de Venezuela .... Madrid durante una semana.

3. Álex Crivillé .... en el campeonato de Europa en el circuito del Jarama.

4. El Real Madrid .... contra el Bayern de Múnich en el estadio Santiago Bernabéu.

5. Ronaldo .... un nuevo contrato con el Barcelona.

6. El Juli .... en las Ventas.

7. Alicia Alonso .... con el Ballet Nacional de Cuba en el Teatro Real.

8. Plácido Domingo .... en el concierto a beneficio de UNICEF.

9. Los tres tenores .... en el Auditorio Nacional a las 20:00.

10. Pedro Almodóvar .... el rodaje de una nueva película.

6 **Completa la historia.**

I. Si María sale por la noche, ... mucho alcohol, ... a un chico especial y .... durante todo el día.

2. Si va al cine con este chico, ... una copa con él después de la película, ... palomitas de maíz y .... durante horas sobre la película.

3. Si .... una copa después de la película, ... para ir juntos de vacaciones y .... un verano estupendo.

4. Si .... juntos de vacaciones, ... a vivir juntos y después ....

5. Si ...., ... una casa, ... un hijo y .... de un perro.

7 Escucha y anota qué consejos da este padre a su hijo.

_____
_____
_____
_____
_____
_____
_____
_____
_____
_____
_____
_____
_____
_____
_____
_____

8 ¿Qué le gustaría hacer a tu compañero en el futuro? Escríbelo.

Ej.: _Ir a la universidad._

_____
_____
_____
_____
_____
_____
_____
_____
_____

Ahora, escribe qué tiene que pasar para que se cumplan los sueños de tu compañero.

Ej.: _Si estudias español, irás a la universidad._

_____
_____
_____
_____
_____
_____
_____
_____
_____

9 Lee estas noticias de prensa sobre el desarrollo de la investigación genética.

Gracias a los avances en genética se podrán tratar enfermedades antes de que se desarrollen

Podremos elegir el sexo de nuestros hijos

Conoceremos cómo serán nuestros hijos desde que son embriones. Esto nos permitirá estar mejor preparados para su educación, su formación, su desarrollo

La genética hará posible obtener alimentos con mejores cualidades, es decir, ayudará a la naturaleza a generar productos perfectos

La manipulación genética permitirá recuperar especies desaparecidas o en peligro de extinción

Señala qué titulares presentan un hecho positivo o negativo.

POSITIVAMENTE	NEGATIVAMENTE

10 Escucha a estas personas que hablan sobre las consecuencias futuras de la investigación genética. Señala quiénes se muestran a favor y quiénes en contra.

a favor   en contra

1. _____ _____
2. _____ _____
3. _____ _____
4. _____ _____
5. _____ _____

11 Lee estas otras opiniones y puntos de vista e indica en qué casos estás de acuerdo.

✓ Yo creo que la investigación genética traerá más cosas malas que buenas. Por ejemplo, la clonación. Será posible clonar embriones humanos. Eso será horrible.

✓ A mí me parece que no se permitirá la clonación de seres humanos. Además, éste es sólo un aspecto de la investigación genética. Hay otros muchos, muy positivos, como son la prevención de enfermedades y el mayor conocimiento que se tendrá sobre ellas.

✓ Yo pienso que la manipulación genética de la naturaleza acabará con el equilibrio y con el ecosistema. El hombre no debe intervenir en el proceso natural, ni siquiera por razones "buenas".

✓ Yo no estoy de acuerdo contigo. Pienso lo contrario: beneficiará a la naturaleza, porque no tendremos necesidad de explotarla tanto. Imaginad: alimentos más duraderos, con mejores propiedades, de mayor tamaño, en todas las épocas y en todos los lugares. A lo mejor es la solución para acabar con el hambre en algunos países.

✓ A mí me parece que, como ocurre siempre, beneficiará sólo a los ricos (personas, instituciones o países) y aumentará las desigualdades sociales.

Habla con tus compañeros y da tu opinión al respecto. ¿Cuál es la opinión mayoritaria? ¿Cuál es el aspecto más positivo del desarrollo de la investigación genética? ¿Y el más negativo?

12 **Has decidido viajar a la selva amazónica. Tus amigos están intentando convencerte para que no vayas. Contesta a sus "problemas" con soluciones.**

▶ Te picarán los mosquitos.　　　⟶　No importa. Compraré alguna crema.

▶ Comerás cosas extrañas.

▶ No verás la televisión.

▶ Tendrás que andar mucho.

▶ Será peligroso por los animales.

▶ No podrás dormir por la noche.

13 **En la oficina en la que trabaja el señor Castro todos están muy preocupados, porque desde hace dos días no ha ido a trabajar. Los compañeros piensan en posibles razones. Fíjate en los dibujos y di cuáles pueden ser estas razones.**

Quizás　　　　　　　　A lo mejor　　　　　　　　Tal vez

A lo mejor　　　　　　　　　　　　Quizás

14 **Contesta libremente.**

1. Han suspendido el concierto de Alejandro Sanz. Tal vez _____

2. Ha venido la policía a hablar contigo. A lo mejor _____

3. Tengo fiebre. Quizás _____

4. No sé qué voy a hacer en verano. A lo mejor _____

5. Quiero buscar un nuevo trabajo. Tal vez _____

6. Hoy hemos hecho el examen de español. Ha sido un poco difícil. Quizás _____

7. Peter y Marie están discutiendo. Tal vez _____

8. ¡Qué extraño! No hay nadie en la escuela. A lo mejor _____

9. Dice mi horóscopo que el próximo año será estupendo. Quizás _____

10. Se ha ido la luz de repente. Tal vez _____

1 Vamos a comprobar lo que has aprendido. Para ello, te proponemos que realices este test de evaluación. ¡Suerte!

1. ¡Hola! ¿Cómo .... llamas?
    a. te
    b. su
    c. se

2. Buenos días. ¿Es usted .... señor García?
    a. la
    b. el
    c. ø

3. ¿............................. años tiene Enrique?
    a. Cuántos
    b. Cómo
    c. Cuánto

4. ¿A qué se dedica Eva?
    .... enfermera.
    a. Es
    b. Está
    c. Tiene

5. Mi habitación .... bastante grande. .... dos camas y una mesa de estudio.
    a. está; Hay
    b. es; Están
    c. es; Tiene

6. Oiga, perdone. ¿................... un banco por aquí?
    a. Está
    b. Es
    c. Hay

7. Ángel y yo .... siempre 8 horas.
    a. dormimos
    b. duermimos
    c. durmimos

8. .... regalamos flores a nuestra madre en su cumpleaños.
    a. La
    b. Le
    c. Les

9. ¿Te .... los deportes peligrosos?
    a. prefieres
    b. gustas
    c. gustan

10. A mí me encanta ir al cine los domingos.
    A mí ....
    a. tampoco
    b. sí
    c. también

11. Perdone, ¿dónde está la Plaza Mayor?
    Aquí cerca. Mire: .... recto, y después, ... a la derecha.
    a. sigue / gira
    b. siga / gire
    c. gira / siga

12. ¿A qué hora .... despierta, señor Pérez?
.... despierto a las ocho en punto.
    a. te; Me
    b. se; Me
    c. nos; Me

13. ¿Qué te gusta más, el vino o la cerveza?
Prefiero .... vino.
    a. bebo
    b. beben
    c. beber

14. ¿Qué te pasa?
No me encuentro bien. Me duelen ....
    a. las muelas.
    b. la cabeza.
    c. el estómago.

15. Hola, Pedro. ¿Qué haces?
Ahora mismo .... la televisión. Es la hora de mi programa favorito.
    a. veo
    b. estoy viendo
    c. voy a ver

16. El próximo fin de semana ....
    a. voy a visitar a mi amigo Juan.
    b. voy visito a mi amigo Juan.
    c. visité a mi amigo Juan.

17. Esta falda es la que más me gusta.
    a. Me la llevo.
    b. Se las llevo.
    c. Me la lleva.

18. Hace mucho calor. ¿Puedo abrir la puerta?
    a. Ábrelas.
    b. Ábrelo.
    c. Ábrela, ábrela.

19. ¿............................ fumar aquí?
    a. Se puede
    b. Puede
    c. Poder

20. Para aprobar el examen .... que estudiar un poco.
    a. tener
    b. haber
    c. hay

21. Lo siento, ... no he oído el despertador.
    a. porque
    b. es que
    c. que

22. Nos vamos de excursión a Barcelona.
    a. ¡Que te diviertes!
    b. ¡Que os divirtáis!
    c. ¡Que se divierten!

23. ¿Has leído el periódico?
No, ...
    a. ya no lo he leído.
    b. ya lo he leído.
    c. todavía no lo he leído.

24. Esta semana no .... a tu hermano en clase.
    a. vi
    b. veo
    c. he visto

25. .... una tienda nueva de informática.
    a. Han abrido
    b. Han habido
    c. Han abierto

26. Miguel de Cervantes .... en Alcalá de Henares.
    a. ha nacido
    b. nació
    c. nacio

27. El otro día .... una cena de amigos en mi casa.
    a. organicé
    b. he organizado
    c. organizo

28. La fiesta de Año Nuevo fue ....
    a. divertidísima
    b. muy divertidísima
    c. divertísima

29. Cuando .... pequeña, mi padre me .... todas las tardes al parque.
    a. fui; llevó
    b. fui; llevaba
    c. era; llevaba

30. Antes era un chico muy estudioso pero ahora .... un poco vago.
    a. sigue
    b. ha dejado
    c. se ha vuelto

31. Ayer .... en la biblioteca toda la tarde porque .... que estudiar.
    a. estuve; tenía
    b. estuve; tuve
    c. estaba; tenía

32. El año que viene .... un negocio en nuestro barrio.
    a. poneremos
    b. ponemos
    c. pondremos

33. Mi padre dice que si estudio en la Universidad .... un buen trabajo en el futuro.
    a. encontré
    b. encontraré
    c. encontraremos

34. No sé qué voy a hacer el domingo. A lo mejor .... a Iván para salir.
    a. llamo
    b. llame
    c. llamó

35. Hoy no ha venido a clase Peter. Quizás .... enfermo.
    a. esté
    b. sea
    c. era

2 **Para terminar, ¿qué tal si jugamos un rato?**

1. Salida.

2. Describe tu habitación.

3. Cuenta tus próximas vacaciones.

4. Pregunta algo a tu compañero de la derecha.

5. ¿Qué has hecho este fin de semana?

6. Dices la verdad.

7. ¿Qué es lo que más te ha gustado del curso?

8. Cuenta tu último viaje.

9. ¿Qué puedes comprar en una farmacia?

10. Habla sobre dos aspectos que te gustan del español.

11. ¿Qué te parece este libro?

12. Dices la verdad.

13. Dos cosas que odias.

14. Describe tu objeto favorito. ¿De qué se trata?

15. Tu cantante favorito.

16. Tu familia.

17. Tu profesor de español.

18. Dices la verdad.

19. El país que más te gusta.

20. Tu casa ideal.

21. Tu mejor viaje.

22. ¿Qué haces normalmente un fin de semana?

23. Tu futuro.

24. Dices la verdad.

25. Tu deporte favorito.

26. Cinco cosas que te gustan de la clase.

27. Preguntas al de la izquierda.

28. Tu película favorita.

29. ¿Qué haces cuando estás resfriado?

30. Tu comida favorita.

31. La lengua más fácil de aprender.

32. La gramática.

1.

Isabel Allende
Plácido Domingo
Antonio Banderas
Arancha Sánchez Vicario
José María Aznar
Carmen Maura
Juan Carlos de Borbón
Julio Iglesias

2.

j	☐	ñ	■
z	■	p	■
s	☐	t	☐
rr	☐	b	☐
l	■	v	■

3.

a, b c, e, h, i, k, ll, ñ, o, q, s, t, w, x

4.

A: ¡Hola! ¿Cómo **te llamas?**
B: Me **llamo** Anne, ¿y **tú?**
A: Yo **me llamo** Luis. ¿Cómo **te apellidas?**
B: Stephen, Anne Stephen, ¿y **tú?**
A: López. ¿De dónde eres?
B: **Soy** alemana.
A: Yo **soy** español.

5.

1. argentino / argentina
2. uruguayo / uruguaya
3. mexicano / mexicana
4. venezolano / venezolana
5. peruano / peruana
6. cubano / cubana
7. boliviano / boliviana
8. brasileño / brasileña
9. chileno / chilena

6.

1. mexicano / mexicana
2. italiano / italiana
3. sueco / sueca
4. argelino / argelina
5. turco / turca
6. indio / india
7. inglés / inglesa
8. francés / francesa
9. portugués / portuguesa
10. holandés / holandesa
11. japonés / japonesa
12. irlandés / irlandesa

7.

doce
nueve
cuatro
dieciséis
quince

8.

28 - veintiocho		61 - sesenta y uno
3 - tres		99 - noventa y nueve
12 - doce		49 - cuarenta y nueve
14 - catorce		57 - cincuenta y siete
6 - seis		32 - treinta y dos
15 - quince		79 - setenta y nueve
13 - trece		33 - treinta y tres
11 - once		94 - noventa y cuatro
9 - nueve		81 - ochenta y uno

9.

1. ¿Cuántos años tienes?
2. ¿De dónde eres?
3. ¿Cómo se llaman?
4. ¿Cuántos años tiene?
5. ¿A qué te dedicas?
6. ¿Qué lenguas habláis?
7. ¿A qué os dedicáis?
8. ¿Cómo se llaman?
9. ¿De dónde es?
10. ¿Cómo te apellidas?

10.

1. Inglés
2. Alemán
3. Español
4. Italiano
5. Inglés
6. Ruso

11.

Alumno A:
1. sello
2. mesa
3. silla
4. autobús
5. billete de tren
6. semáforo

Alumno B:
1. banco
2. buzón
3. pasaporte
4. oficina de correos
5. carta
6. estación

12.

1. b
2. g
3. a
4. c
5. f
6. e
7. d

1.

1. Hasta luego.
2. Hasta siempre.
3. Hasta mañana.
4. Hola, ¿qué tal?
5. Mire, éstos son mis padres.
6. Hola, buenas tardes / días / noches, ¿qué tal está?

2.

1.
A: **¡Hola**, Inés! **¿Qué tal** estás?
B: **Bien,** gracias. ¿Y **tú?**
A: **Muy** bien.

2.
A: Mira, Juan, **ésta** es Ana.
B: **¡Hola,** Ana! **¿Qué** tal?
C: **Muy bien.**

3.
A: **¿Cómo** está usted?
B: **Bien,** gracias.

4.
A: Adiós, hasta mañana.
B: **Hasta mañana,** buenas noches.

5.
A: Buenos días, **¿es** usted Susana Vergara?
B: Sí, **soy** yo.
A: Me **llamo** Alicia y **soy** la secretaria del señor López.
B: **Encantada.**

3.

1. éste; ésta
2. éstas
3. ésta
4. éste
5. ésta; ésta
6. éstos
7. éste
8. ésta
9. éstos
10. éstos; éstos

4.

1. el; 2. ø; 3. la; 4. ø; 5. la; 6. ø; 7. el; 8. la; 9. el; 10. el.

5.

Respuesta libre.

6.

1. Cómo
2. qué
3. Cuántos
4. dónde
5. Cuál
6. qué
7. Cuáles
8. Cómo
9. Cuál
10. Cuántos

7.

a. 2
b. 1
c. 10
d. 3
e. 8
f. 4
g. 6
h. 9
i. 7
j. 5

8.

1. don
2. señorita
3. señor
4. señora
5. doña

9.

Muebles Martínez
c/ Luis Vives, 27
C. P. 928809
Buenos Aires

Hotel Béjar
Avd. Los Escolapios, s/n
C. P. 98798
La Habana

Cocinas Ramón
P.º La Farola, n.º 3
C. P. 45123
Madrid

10.

1. ¿Cuál es el número de teléfono del electricista?
2. ¿Cuál es el número de teléfono del museo?
3. ¿Cuál es el número de teléfono del hospital?
4. ¿Cuál es el número de teléfono del taller?
5. ¿Cuál es el número de teléfono de los bomberos?

11.

1.
¿Diga?
Hola, ¿está Luisa?
Sí, soy yo.
Hola, Luisa, ¿qué tal?
2.
¿Diga?
Buenas tardes, ¿está el señor Fernández?

No, no está en este momento.

¡Ah! ¿Tardará mucho?

No, ¿quiere dejarle algún recado?

No, llamo luego.

12.

La segunda es más formal que la primera. Las personas que hablan se tratan de usted y emplean fórmulas convencionales.

13.

Respuesta libre.

14.

secretario

estudiante

médico

profesor

enfermera

15.

M	E	D	I	C	O	J	E	R	A
R	A	H	C	A	H	I	S	E	Z
A	P	Ñ	T	S	F	A	T	A	A
Q	R	E	Y	E	O	N	U	A	E
A	O	F	I	C	Z	A	D	R	N
N	F	U	G	R	A	Z	I	E	F
Q	E	B	B	E	L	O	A	Y	E
P	S	V	R	T	V	N	N	T	R
O	O	T	O	A	U	J	T	R	M
A	R	X	R	R	L	Ñ	E	A	E
E	N	F	E	I	M	R	R	I	R
Q	P	T	A	O	D	F	H	J	A

LECCIÓN 2
ámbito 1

1.

C	O	R	T	I	N	A	S	E
L	A	V	A	D	O	R	A	S
A	R	M	A	R	I	O	O	T
F	H	U	I	J	K	B	T	A
V	L	O	P	N	U	V	A	N
B	A	Ñ	E	R	A	E	O	T
N	I	H	E	J	U	Y	J	E
T	L	I	C	A	M	A	E	R
A	L	Y	T	O	D	N	P	I
N	A	I	A	L	D	E	S	A
A	T	O	A	L	L	A	E	V

2.

cuadro	alfombra
fregadero	tenedor
lámpara	jarra
horno	cafetera
garaje	ducha
mesilla	jabón

3.

puertas; una puerta

unas cortinas

sillas; una silla

unas alfombras

teléfonos; un teléfono

televisiones; una televisión

cuadros; un cuadro

armarios; un armario

espejos; un espejo

sillones; un sillón

duchas; una ducha

lavabos; un lavabo

camas; una cama

fregaderos; un fregadero

frigoríficos; un frigorífico

habitaciones; una habitación

4.

1. la; un	8. El; el
2. unas; los	9. una; la
3. Las	10. El; la
4. Los	11. los
5. unas	12. una
6. La; la	13. Los; el
7. una; el	14. unas

5.

1. En la cocina no hay ningún fregadero.
2. No hay tazas en los armarios.
3. Las botellas no están en la nevera.
4. Los alumnos no están en la clase.
5. ¿No hay cucharas aquí?
6. La cama no está en la habitación.
7. No hay ninguna lámpara en el salón.
8. El coche no está en el garaje.
9. No hay ninguna cafetería en la estación.
10. El cuadro no está en la pared.
11. ¿No están aquí los profesores?
12. Allí no hay ninguna cabina de teléfono.
13. Los ordenadores no están en el aula de informática.
14. ¿No hay carpetas ahí?

6.

1. ¿Dónde está el cuarto de baño?
2. ¿Qué hay en tu dormitorio?
3. ¿Cuántos alumnos hay en el curso de alemán?
4. ¿Cómo es tu apartamento?
5. ¿Dónde están los vasos?
6. ¿Tenéis ascensor?
7. ¿Cuántas habitaciones tiene tu piso?
8. ¿Está muy lejos la universidad del casco antiguo?
9. ¿Cuánto cuesta el mes de alquiler?
10. ¿Dónde viven tus amigos?

7.

SUSTANTIVOS		ADJETIVOS	
armario	ascensor	bonito	barato
cocina	jardín	grande	interior
salón	habitación	pequeño	feo
terraza	bañera	exterior	antiguo
piso	teléfono	precioso	moderno
garaje	cortinas	caro	viejo
			nuevo

8.

Respuesta libre.

9.

Respuesta libre.

10.

Respuesta libre.

11.

1. Cuántos / Dos jóvenes japoneses.
2. Cuántas / Mueren dos personas.
3. Cuántos / Un hombre.

4. Cuántas / Se hablan cuatro lenguas.
5. Cuántos / A ocho estudiantes extranjeros.
6. Cuántas / A ocho personas.
7. Cuántas / 35 nuevas páginas web.
8. Cuántas / Dos mujeres.

12.

como	ceno
comes	cenas
come	cena
comemos	cenamos
coméis	cenáis
comen	cenan

desayuno	escribo
desayunas	escribes
desayuna	escribe
desayunamos	escribimos
desayunáis	escribís
desayunan	escriben

bebo	leo
bebes	lees
bebe	lee
bebemos	leemos
bebéis	leéis
beben	leen

13.

1. se levanta
2. se ducha
3. te duchas
4. nos ponemos
5. me llamo
6. se apellida
7. te levantas
8. se va
9. me lavo
10. se apellida

14.

Respuesta libre.

15.

8:10
12:45
9:25
1:20
5:55

16.

1. Son las diez y cuarto.
2. Son las tres menos cuarto.
3. Son las doce y diez.
4. Es la una y media.
5. Es la una menos veinte.
6. Son las nueve en punto.

1.

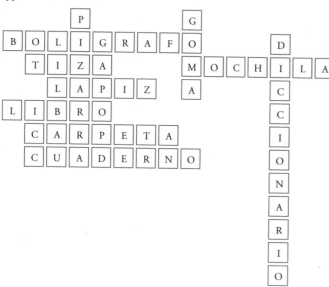

```
        P                    G
B O L I G R A F O            O              D
    T I Z A          M O C H I L A          I
        L A P I Z             A             C
L I B R O                                   C
    C A R P E T A                           I
    C U A D E R N O                         O
                                            N
                                            A
                                            R
                                            I
                                            O
```

2.

Respuesta libre.

3.

```
H  D  E  T  R  A  S
E  E  E  T  F  A  I
N  L  O  N  J  U  T
F  A  F  G  T  D  A
R  N  J  V  L  R  M
E  T  V  A  H  T  O
N  E  N  T  R  E  Ñ
T  G  E  T  J  I  N
E  D  E  B  A  J  O
```

4.

1. en la pizarra;
2. al lado de la mesa;
3. al lado del ordenador;
4. debajo de la mesa;
5. encima de la mesa de una alumna;
6. entre los alumnos;
7. encima de la mesa de un alumno;
8. detrás del último alumno.

5.

1. la; una	6. un; la
2. un; la	7. un
3. Los; la	8. Los
4. La; la	9. El; la
5. los	10. la; los

6.

1. están	7. Hay
2. Hay	8. está
3. hay	9. hay
4. está	10. están
5. está	11. hay
6. están	12. está

7.

Posibles respuestas

¿Está mi mochila aquí?
¿Hay tizas en la clase?
¿Están los alumnos en la clase?
¿Están los libros al lado de la puerta?
¿Hay un bolígrafo debajo de la mesa?
¿Está mi diccionario ahí?

8.

1. No, no hay.
2. No, está debajo de la cama.
3. Sí, es moderno.
4. Hay tres cuadernos.
5. Sí, está enfrente de la cama.
6. No, está al lado de la cama / está delante de la cama.
7. Encima de la mesa.

9.

1. **Es** viejo y bastante gordo. **Tiene** el pelo corto. **Es** bajo y feo. **Tiene** bigote y **lleva** gafas.
2. **Tiene** el pelo rubio. **Es** joven, alta y muy guapa. **Lleva** sombrero.
3. **Es** moreno. **Tiene** el pelo corto. **Es** muy guapo. **Lleva** gafas. **Es** alto y delgado.

10.

1. Es	6. es
2. Lleva	7. Lleva
3. Tiene	8. es
4. Es	9. Tiene
5. pelo	10. pelo

11.

Respuesta libre.

12.

1. joven	4. viejo
2. delgado	5. rubio
3. alto	6. guapo

13.

Respuesta libre.

14.

La **c**asa **q**ue tiene **C**arolina está en el **c**as**c**o viejo de la **c**iu-dad. Es pe**q**ueña, pero muy a**c**ogedora. Está en una zona muy tran**q**uila **c**er**c**a de un par**q**ue.

Carolina vive en la **c**alle **C**ifuentes. Es una **c**alle muy **c**omer-**c**ial. Hay un supermer**c**ado, una farma**c**ia, un **q**uios**c**o, una ofi**c**ina de **C**orreos y mu**c**has más **c**osas. También, **c**er**c**a de su **c**asa hay una pla**z**a muy famosa.

1.

1. médica; 2. mecánica; 3. secretaria; 4. bombera; 5. cantante; 6. peluquera; 7. enfermera; 8. arquitecta; 9. periodista; 10. futbolista

2.

1. enfermera-hospital
2. futbolista-campo de fútbol
3. secretaria-oficina
4. camarero-bar
5. mecánico-taller
6. dependiente-supermercado
7. ama de casa-casa
8. peluquero-peluquería
9. periodista-periódico
10. policía-comisaría
11. profesor-colegio

3.

1. un	6. un
2. una	7. una
3. un	8. una
4. una	9. un
5. un	10. un

4.

1. **A:** ¿Qué hace Ana? ¿Dónde trabaja Juan? ¿Qué hace Antonio?
   B: Profesora, hospital, cocinero.
2. **B:** ¿Dónde trabaja Ana? ¿Qué hace Juan? ¿Dónde trabaja Antonio?
   A: Colegio, médico, restaurante.

5.

1.

P	A	D	R	E	H	J	E	R	A
R	A	H	C	A	I	T	O	E	Z
A	P	Ñ	T	E	J	A	T	I	A
Q	R	E	Y	V	O	N	Ñ	A	D
A	I	F	H	N	Z	A	I	R	O
N	A	D	G	H	A	Z	N	E	S
Q	A	B	U	E	L	O	E	Y	O
A	X	V	R	R	V	N	U	T	B
O	B	T	O	M	U	J	E	R	R
A	C	X	R	A	L	Ñ	S	A	I
E	D	C	Q	N	T	U	I	O	N
Q	P	T	A	O	D	F	H	J	A

2.

1. padre	5. mujer
2. hijo	6. nieta
3. tía	7. abuelos
4. hermano	8. sobrina

3.

Masculino	Femenino	Singular	Plural
padre	tía	padre	abuelos
hijo	mujer	hijo	
hermano	nieta	hermano	
abuelos	sobrina	tía	
		mujer	
		nieta	
		sobrina	

6.

1. Tiene 24 años.
2. ¿Tienes hermanos?
3. Es periodista.
4. ¿Quién es éste?
5. No, estoy casada.
6. No, no tengo.
7. ¿Tus padres están divorciados?

7.

Respuesta libre.

8.

1. Cuántos	5. Quiénes
2. qué	6. Dónde
3. Cómo	7. Cuántos
4. Quién	8. qué

9.

a. 7.	e. 3.
b. 1.	f. 8.
c. 2.	g. 6.
d. 4.	h. 5.

10.

1. El hijo de mi hermano es mi sobrino.
2. La hermana de mi padre es mi tía.
3. La madre de mi madre es mi abuela.
4. Mi hermano no está casado, está soltero.
5. La hija de mi madre es mi hermana.
6. El hijo del hermano de mi padre es mi primo.

11.

1. trabaja	6. lavamos
2. bebo	7. compra
3. anda	8. habláis
4. come; come	9. escribe
5. viven	10. cantas

12.

1. dice
2. sueñas
3. dormimos
4. prefiero; prefiere
5. se acuesta
6. vuela
7. miente
8. empezáis
9. se sienta
10. viste

13.

ir	voy	vas	va	vamos	vais	van
entrar	entro	entras	entra	entramos	entráis	entran
hacer	hago	haces	hace	hacemos	hacéis	hacen
dormir	duermo	duermes	duerme	dormimos	dormís	duermen
levantarse	me levanto	te levantas	se levanta	nos levantamos	os levantáis	se levantan
poner	pongo	pones	pone	ponemos	ponéis	ponen

14.

Los señores Martínez **van** al cine los domingos. Todos los días **trabajan** ocho horas. **Comen** en un restaurante, pero **cenan** en casa. Después **ven** la televisión o **escuchan** la radio. A las doce **se acuestan. Se levantan** temprano.

15.

1. Por la tarde / Carmen monta en bicicleta por la tarde a las cinco menos cuarto.
2. Por la mañana / Carmen lee el periódico por la mañana a la una y veintidós.
3. Por la tarde / Carmen ve la televisión por la tarde a las seis y cinco.
4. Por la mañana / Carmen come por la mañana a las dos y media.
5. Por la noche / Carmen va de copas por la noche a las once y media.

16.

Los Rodríguez **se levantan** a las ocho y media, **se duchan** en diez minutos; después **desayunan.**
Los Rodríguez **trabajan** juntos en una empresa de coches. **Entran** al trabajo a las nueve y media. A las doce y cuarto descansan, **beben** un refresco y se **comen** un bocadillo. A la una menos cuarto continúan con su trabajo hasta las tres y media. Van a su casa, allí **hacen** la comida y **comen** a las cuatro. Duermen la siesta hasta las cinco y diez.

Juntos **compran** en un supermercado todo lo necesario para la comida del día siguiente. Después **van** a ver una película al cine.
A las diez y veinte regresan a su casa, **cenan** y **se sientan** a ver la televisión; les gustan los programas de concurso.
Por la noche **leen** un libro o **escuchan** la radio antes de dormir. **Se acuestan** a las doce y media, pero antes **friegan** los platos y **lavan** la ropa.

17.

Respuesta libre.

18.

19.

ámbito 2

1.

1. mayo
2. octubre
3. abril
4. marzo
5. diciembre
6. noviembre
7. julio
8. febrero
9. junio
10. enero
11. agosto
12. septiembre

2.

Los carnavales **son** muy divertidos, sobre todo en la zona de Los Próceres. Aquellas lindas carrozas de colores **vienen** por la avenida Sucre y **terminan** aquí, en La Silsa. Las carrozas **desfilan** por toda la ciudad de Caracas. Muchas personas **se disfrazan** de personajes famosos: supermán, arlequín, cocineros, etc., y se **elige** a la reina del carnaval. La fiesta **está** por todas las calles, en cada plaza **hay** una verbena. Por ser un día festivo, la gente **bebe** mucho y a veces hay algún problema. Todos los caraqueños **se divierten** hasta el amanecer.

3.

Respuesta libre.

4.

Respuesta libre.

5.

1. nos
2. Le
3. les
4. Os
5. te
6. me
7. nos
8. le
9. les
10. Te

6.

Posibles respuestas

- Ana es directora. Trabaja en una empresa. Suele viajar mucho, pero odia el avión.
- Andrés es banquero. Dirige un banco. Suele viajar mucho y le gusta el avión.
- Carlos es fontanero. Suele trabajar en casas particulares. Nunca usa el metro.
- Carmen es profesora. Da clases en un colegio y vive cerca de él.
- Raúl es profesor de gimnasia. Da clases en el mismo colegio que Carmen. Suele ir corriendo a clase porque es muy deportista.

7.

Respuesta libre.

8.

Respuesta libre.

9.

Respuesta libre.

10.

Respuesta libre.

11.

1. parra
2. tara
3. raro
4. corro
5. barra
6. gorro
7. grana
8. pero
9. piedra

12.

1. ratón
2. subrayar
3. barro
4. rápido
5. israelí
6. perro
7. puerro
8. regla
9. enredar
10. correr
11. repetir
12. reír

13.

mano
mamá
nado
nana

14.

canto
cambio
también
tampoco

15.

Quise **coger** la **flor**
más tierna del **rosal,**
pensando que de amor
no me podría pinchar,
y **mientras** me pinchaba
me enseñó una cosa
que una rosa es una rosa...

L E C C I Ó N 4
á m b i t o 1

1.

escoba. 4
tendedero. 2
cazuela. 7 y 1
trapo. 8

plancha. 6
lavadora. 5
carro de la compra. 3
pinza. 2
sartén. 1 y 7

2.

fregona: instrumento que sirve para fregar el suelo.
escoba: instrumento para barrer el suelo.
plancha: aparato eléctrico que sirve para planchar la ropa.
tendedero: dispositivo donde se cuelga la ropa después de lavarse.

pinza: pieza de madera o plástico que sirve para sujetar la ropa en el tendedero.
sartén: recipiente para cocinar con aceite.
trapo: tela que utilizamos para limpiar el polvo de los muebles de madera.
estropajo: trozo de fibra vegetal o sintética que se suele usar para limpiar con agua y jabón los platos.

3.

1. ¿Cuántas veces limpias los cristales?
2. ¿Sales con tus amigos los domingos por la mañana?
3. ¿Qué sueles hacer los domingos?
4. ¿Qué haces después de ducharte?

5. ¿Qué hacen tus padres los fines de semana?
6. ¿Por qué viajas al sur?
7. ¿Cuántas veces cocinas?
8. ¿Qué tareas de la casa te gustan?
9. ¿Qué haces después de cenar?
10. ¿Corres todos los días?

4.

1. Termina
2. Friega
3. Haz
4. Baja
5. Saca
6. Pon
7. Plancha
8. Pregunta
9. Escribe
10. Lee

5.

1. Lo quiero.
2. Lo odio.
3. Lo bebo.
4. La veo.
5. La pongo.
6. La abro.
7. La hago.
8. Las leemos.
9. La escuchan.
10. La comes.

6.

Limpiar / los cristales
Hacer / la cama
Abrir / la ventana o la puerta
Cerrar / la ventana o la puerta
Bajar / la basura o al perro
Sacar / la basura o al perro
Poner / la lavadora
Pedir / el número de teléfono de Juan

Posibles respuestas

¿Limpio los cristales? Sí, límpialos.
¿Hago la cama? Sí, hazla.
¿Abro la ventana? Sí, ábrela.
¿Cierro la puerta? Sí, ciérrala.
¿Bajo la basura? Sí, bájala.
¿Saco al perro? Sí, sácalo.
¿Pongo la lavadora? Sí, ponla.
¿Pido el número de teléfono de Juan? Sí, pídelo.

7.

2. 4.030.000
4. 235.000
6. 14.300.000
8. 325.000

8.

1. Dos mil.
2. Ochenta y siete mil novecientos cincuenta y seis.
3. Cinco mil cuatrocientos treinta y seis.
4. Trescientos cuarenta y cinco.
5. Dos mil trescientos cuarenta y seis.
6. Dos millones trescientos cuarenta y ocho mil setecientos sesenta y cinco.

9.

1. Manzana, tomate, lechuga, pera, patata.
2. Merluza, gambas, mejillones, sardinas.
3. Pollo, chorizo, filete de ternera, hamburguesa, salchichas.
4. Magdalenas, galletas, pan.
5. Queso, mantequilla, arroz, pasta, café.
6. Todo.

10.

azúcar / un paquete de
leche / un litro de
pan / una barra de
aceite de oliva / una botella de
tomates / un kilo de
atún / una lata de
zumo / un litro de
queso / un trozo de
huevos / una docena de
harina / un paquete de
patatas / un kilo de
vino / una botella de
arroz / un paquete de

11.

El más caro es la merluza y el más barato, los mejillones.

12.

1. mucho
2. muy
3. mucha
4. muchos
5. muy
6. muy
7. muchas / mucho
8. muy
9. muy
10. mucho

13.

1. gusta
2. gustan
3. gustan
4. gusta
5. gusta
6. gusta
7. gustan
8. gusta
9. gustan
10. gusta

14.

1. A Nuria y a mí no nos gusta ver la televisión.
2. A nosotros no nos gustan los trajes oscuros.
3. A José no le gustan las casas pequeñas.
4. A Pedro y a Cristina no les gusta Sevilla.
5. A Laura no le gusta comer la carne poco hecha.
6. A vosotros no os gusta la camisa de cuadros.
7. A mí no me gustan las películas de aventuras.
8. A ti no te gusta ese chico.
9. A mi hermana y a mi madre no les gustan los sofás rojos.
10. A los turistas no les gusta la comida española.

15.

1. me
2. le
3. te
4. me; me
5. le
6. te
7. le

16.

1. nos	4. les	7. les
2. nos	5. os	
3. os	6. les;	

17.

1. nos	6. le
2. les	7. nos
3. te	8. os
4. os	9. le
5. me	10. le

18.

Respuesta libre.

19.

Respuesta libre.

20.

Respuesta libre.

21.

Vamos a ver… Necesito el bañador, algunas camisetas y un par de pantalones cortos. También me llevo una chaqueta, porque puede hacer frío por la noche. Ahora… las zapatillas cómodas y las gafas de sol. Yo creo que está todo. ¡Ah! Y una toalla.

A la playa.

22.

cuadros / camisa
rayas / corbata
liso / camiseta
lunares / vestido
rombos / jersey
flores / falda

23.

1. los	4. lo
2. la	5. lo
3. las	6. las

ámbito 2

1.

femeninos	masculinos
la cabeza	el pie
la espalda	el hombro
la mano	el brazo
la pierna	el ojo
la oreja	el codo
la boca	el diente
la rodilla	el tobillo
la cintura	el cuello
la nariz	el dedo
la muela	el estómago
la cadera	

2.

b.

3.

Respuesta libre.

4.

1. Los **oídos** están en el interior de las orejas.
2. Los **hombros** están entre el cuello y los brazos.
3. Los **pulmones** sirven para respirar y están en el interior del pecho.
4. La **garganta** está en el interior del cuello.
5. La **cintura** está en medio del cuerpo, y es donde nos ponemos el cinturón.
6. Las **caderas** están a los lados del cuerpo, debajo de la cintura y encima de las piernas.
7. El **estómago** está en el interior del cuerpo, entre la cintura y el pecho.
8. La **muñeca** está entre la mano y el brazo.
9. La **pantorrilla** es la parte inferior de la pierna.
10. El **muslo** es la parte superior de la pierna.
11. La **rodilla** está en entre el muslo y la pantorrilla.
12. El **talón** está en la parte de detrás del pie.
13. El **tobillo** está entre el pie y la pierna.
14. El **codo** está entre la mano y el brazo.
15. Los **riñones** están en el interior del cuerpo, entre la cintura y la cadera, pero por detrás.

5.

Me duele	la cabeza, el estómago, la espalda.
Me duelen	los pies, los oídos, los hombros.

6.

(a mí)	me	duele(n)	la(s) muela(s)
(a ti)	te	duele(n)	la(s) muela(s)
(a él / a ella / a usted)	le	duele(n)	la(s) muela(s)
(a nosotros / a nosotras)	nos	duele(n)	la(s) muela(s)
(a vosotros / a vosotras)	os	duele(n)	la(s) muela(s)
(a ellos / a ellas / a ustedes)	les	duele(n)	la(s) muela(s)

7.

1. tengo	4. tengo	7. tengo
2. Estoy	5. Estoy	8. estoy
3. Tengo	6. estoy	9. Estoy

8.

1. muy	6. muy
2. muchas	7. muy
3. muy	8. mucho
4. mucho	9. muy
5. muy	10. mucho

9.

A: ¡Hola, Teresa! ¿Qué tal? ¿Cómo **estás / te encuentras?**
B: Regular. **Me duele** el estómago. Es que tomo mucho café y mucho chocolate.
A: Pues el café y el chocolate son muy malos para el estómago. Toma té y fruta.
B: Es que no **me gustan.**
A: ¿En serio no **te gustan?** Pues a mí **me encantan.**

10.

a) Me encuentro / me siento / estoy bien (dibujo n.º 4).
b) Me encuentro / me siento / estoy regular (dibujo n.º 1).
c) Me encuentro / me siento / estoy mal (dibujo n.º 3).
d) Me encuentro / me siento / estoy fatal (dibujo n.º 2).

11.

1. A: ¿Qué tal estás?
   B: ¡Uf! Tengo mucho trabajo y estoy agotado.

2. C: ¿Qué te pasa?
   D: Me duele mucho la cabeza y tengo fiebre.
   C: Yo creo que tienes gripe.

3. E: ¡Qué horror! Ya es primavera.
   F: ¿Qué te pasa? ¿Tienes alergia?
   E: Sí.

4. G: ¿Qué tal? ¿Cómo estás?
   H: Fatal. Me duele mucho el cuello. No puedo mover la cabeza.
   G: ¡Ah! Entonces tienes tortícolis.
   H: Pues sí, eso parece.

1. Está agotado porque tiene mucho trabajo.
2. Le duele mucho la cabeza y tiene fiebre porque tiene gripe.
3. Estornuda porque tiene alergia.
4. Le duele mucho el cuello y no puede mover la cabeza porque tiene tortícolis.

12.

pasar	pasa	pase
desabrocharse	desabróchate	desabróchese
sentarse	siéntate	siéntese
toser	tose	tosa
respirar hondo	respira hondo	respire hondo
abrir la boca	abre la boca	abra la boca
tumbarse	túmbate	túmbese
levantar los brazos	levanta los brazos	levante los brazos

13.

TÚ	USTED
no levantes los brazos	no se desabroche
no respires hondo	no pase
no te desabroches	no abra la boca
no te sientes	no se tumbe
no pases	no respire hondo
no abras la boca	no se siente
no te tumbes	no levante los brazos

14.

Posibles respuestas

andar
no fumar
salir al campo
ir a la playa
abrigarse
comer verdura
no comer grasas
hacer deporte
darse una crema
tomarse un jarabe
hacerse unos análisis
tomarse una manzanilla
no salir de copas

15.

Respuesta libre.

16.

a) Para curar la afonía causada por un resfriado.
b) Tres: una clara de huevo, el zumo de un limón y una cucharada de miel.
c) No.

17.

Respuesta libre.

18.

Respuesta libre.

19.

Respuesta libre.

20.

A: Consulta del doctor García, buenos días.
B: Hola, buenos días. **Quería pedir cita** para esta tarde.
A: Un momento, por favor. Para esta tarde es imposible, está todo completo. ¿Puede venir mañana?
B: Sí, muy bien.
A: ¿A qué hora **le viene bien?**
B: Pues por la mañana, **a primera hora,** sobre las nueve, más o menos.
A: ¿A las nueve y media?
B: Muy bien, a esa hora **me viene bien.**
A: Bueno, entonces mañana a las nueve y media, ¿de acuerdo?
B: De acuerdo. Gracias, hasta mañana.
A: Adiós.

21.

Consulta del doctor González, dígame.
Buenas tardes. Quería pedir cita para hoy.
Un momento, por favor, ¿le viene bien a las seis y media?
Muy bien, a esa hora me viene bien.
Bueno, entonces, hoy a las seis y media, ¿de acuerdo?
De acuerdo. Muchas gracias. Adiós.
Adiós.

22.

Posibles respuestas

€ # 94,36 #. Páguese por este cheque **al portador** euros
(noventa y cuatro con treinta y seis)
En **Madrid** a **7** de **Enero** de **2002.**

1.

1. falso
2. verdadero
3. verdadero
4. falso
5. falso
6. verdadero

2.

coche / avión
taxi

bicicleta
paracaidista

3.

avión / aire
barco / mar
tren / raíl

autobús / carretera
bicicleta / carril

4.

Respuesta libre.

5.

Posibles respuestas

1. La próxima semana voy a comprarme varios discos de flamenco.
2. El mes que viene voy a leer un libro de Muñoz Molina.
3. Mañana voy a comer tortilla de patatas y pimientos asados.
4. El sábado próximo voy a reunirme con mis amigos.
5. El verano que viene voy a ir de vacaciones a Quito.

6.

Querida Laura:
Esta ciudad **es** muy bonita. **Está** en el centro de España y **es** muy famosa por sus murallas. **Está** muy cerca de Madrid y de Salamanca. **Es** muy pequeña y tranquila. Tiene muchas iglesias y monumentos porque **es** muy antigua. La gente **es** muy amable. El único problema **es** que casi siempre hace frío.

7.

1. mucho
2. muy
3. poco; mucho
4. mucho
5. pocos
6. mucho
7. mucho
8. mucho
9. poco; muy
10. mucha

8.

Respuesta libre.

9.

Respuesta libre.

10.

1. montaña
2. continente
3. río
4. meseta
5. desierto
6. isla

11.

1. farmacia
2. comisaría
3. cine
4. supermercado
5. gasolinera

12.

1. Sigue todo recto y al final de la calle Cisneros gira a la izquierda.
2. Sigue todo recto y gira la segunda a la izquierda.
3. Sigue todo recto y gira la primera a la derecha.
4. Sigue todo recto y gira la tercera calle a la derecha.

13.

1. **Perdona,** ¿hay un **cine** por aquí?
   Sí, **al final de la calle.**
   Gracias.
2. **¿Está lejos** el hospital?
   No, **a unos cinco minutos** andando.
3. Por favor, **¿la calle Segovia?**
   Sigue todo recto y gira a la izquierda.
4. Oiga, **perdone,** ¿dónde **está** la oficina de Correos?
5. **Oye,** perdona, **¿el Banco Central** está **por aquí?**
   Sí, **enfrente del** Ayuntamiento.
6. **¿Hay** una cafetería **cerca** de la universidad?
   No, no la hay.

14.

Tienes que
Tienes que
Tienes que
Tienes que

Hay que
Hay que
Hay que
Hay que

15.

al armario

1.

Respuesta libre.

2.

Asfalto
Mambrú se fue a la guerra

La lengua de las mariposas
Torrente, el brazo tonto de la ley

3.

Título: *Todo sobre mi madre.*
Director: Pedro Almodóvar.
Actores: Cecilia Roth, Penélope Cruz, Marisa Paredes, Antonia San Juan, Rosa María Sardá, Candela Peña, Toni Cantó y Fernando Fernán Gómez.
Argumento: Una mujer, tras la pérdida de su único hijo en un accidente de tráfico, decide reencontrarse con un pasado que dejó de forma violenta en la ciudad de Barcelona. Allí se irá viendo cuál es la historia de esta mujer.

4.

Respuesta libre.

5.

Respuesta libre.

6.

Respuesta libre.

7.

leer, corregir exámenes, tocar el piano, parque

8.

A	B	G	F	U	T	B	O	L	K	O	R
R	T	Y	Y	U	I	P	O	T	G	H	H
F	B	A	L	O	N	C	E	S	T	O	J
V	Q	W	D	S	Z	C	T	Y	I	P	M
C	A	S	R	R	T	O	R	A	D	A	N
I	E	O	I	H	Ñ	R	L	K	J	Ñ	B
C	Y	S	U	I	O	R	R	Y	Y	U	T
L	L	Q	Q	W	R	E	T	Y	K	L	Ñ
I	A	S	D	U	F	R	G	H	Y	U	O
S	K	Ñ	P	O	I	U	T	W	R	E	Q
M	D	F	G	H	J	A	Y	R	I	P	O
O	P	Ñ	B	M	F	T	R	U	W	Q	S

9.

1. os
2. le
3. le
4. me
5. nos
6. te
7. les

10.

1. le. Respuesta libre.
2. les. Respuesta libre.
3. le / les. Respuesta libre.
4. le / les. Respuesta libre.
5. le. Respuesta libre.
6. le. Respuesta libre.

11.

1. Le gusta…, pero odia…
2. Nos gusta…, pero odiamos…
3. Os gusta…, pero odiáis…
4. Les gusta…, pero odian…
5. Te gusta…, pero odias…
6. Me gusta…, pero odio…

12.

1. A mí tampoco.
2. A él también.
3. A vosotros también.
4. A nosotros tampoco.
5. A mí también.
6. A nosotros tampoco.
7. A Sara también.
8. A ella también.

13.

1. me
2. le
3. no nos
4. no le
5. os
6. no te
7. no nos
8. les
9. no os
10. no le

14.

-AR	-ER	-IR
cenando	comiendo	escribiendo
bailando	leyendo	durmiendo
cantando	poniendo	conduciendo
cocinando	escogiendo	viviendo
montando		
duchando(se)		

15.

Respuesta libre.

16.

1. muy
2. muchas
3. muy
4. mucho
5. mucha / poca
6. muy
7. muy
8. mucho /mucho
9. muy /muchos
10. mucho

17.

A: Hola, buenas tardes. **¿Qué va a tomar** de primero?
B: Buenas tardes. Pues… sopa de verduras.
A: **¿Y de segundo?**
B: ¿Qué tal es la ternera?
A: Muy buena. Es nuestra especialidad.
B: Entonces ternera.
A: ¿Le gusta **muy** hecha o **poco** hecha?
B: **Muy** hecha, por favor.
A: Para beber tenemos agua, cerveza, refrescos y vino tinto.
   ¿Qué **prefiere?**
B: Vino tinto.
A: Muy bien, gracias.
B: A usted.

B: **¿Me trae** un poco más de vino, por favor?
A: Sí, un momento.

A: **¿Qué va a tomar** de postre?
B: No sé. ¿Qué tienen?
A: Helado de vainilla, yogur, flan, arroz con leche y natillas.
B: **Prefiero** helado de chocolate.
A: **¿Va a tomar** café?
B: Sí, uno con leche.

B: Por favor, **¿me trae** la cuenta?
A: Sí, claro, aquí tiene, son 10,82 euros.

18.

Camarero, por favor, ¿me trae un… / una…	Camarero, por favor, ¿me trae un poco de…
una servilleta	pan
un tenedor	sal
una cuchara	aceite
una cucharilla	vinagre
un cuchillo	pimienta
un vaso	mayonesa
una copa	vino
un plato	agua
una botella de vino	leche
una jarra de agua	

19.

Camarero, por favor, ¿me trae otro… / otra…	Camarero, por favor, ¿me trae más… / un poco más de…
otra servilleta	pan
otro tenedor	sal
otra cuchara	aceite
otra cucharilla	vinagre
otro cuchillo	pimienta
otro vaso	mayonesa
otra copa	vino
otro plato	agua
otra botella de vino	leche
otra jarra de agua	

LECCIÓN 6
ámbito 1

1.
1. restaurante
2. colegio
3. agencia de viajes
4. comisaría
5. oficina de Correos
6. peluquería
7. banco
8. estanco

2.

Posibles respuestas

restaurante: camarero/a
colegio: profesor/a
agencia de viajes: agente de viajes
comisaría: policía
oficina de Correos: cartero
peluquería: peluquero
banco: interventor
estanco: dependiente

3.
1. ¿Puedes traerme un café con leche?
2. ¿Puede explicarme el imperativo?
3. ¿Puedes darme un catálogo de viajes?
4. ¿Puedo denunciar un robo?
5. ¿Puedo certificar este paquete?
6. ¿Puede cortarme el pelo a media melena?
7. ¿Podemos cambiar dinero?
8. ¿Puede darnos un formulario para solicitar el abono transporte?

4.

Posibles respuestas

1. ¿Puedo coger un folleto? Sí, cójalo, cójalo.
2. ¿Puedo poner la televisión? Sí, ponla.
3. ¿Puedes dejarme dos euros? No, no tengo dinero.
4. ¿Puedo pagar con tarjeta? Sí, claro.

5.

1
A: ¿Puedo llamar por teléfono?
B: Sí, por supuesto…, llama, llama.
2
A: ¿Puedes bajar el perro al parque?
B: Lo siento, estoy muy ocupado.
3
A: ¿Puedes dejarme el coche? El mío está estropeado.
B: Sí, coge las llaves, están en la entradita.
4
A: Disculpe. ¿Puedo probarme este pantalón?
B: Por supuesto…, pase al primer probador.
5
A: ¿Puedes regar las plantas?
B: Sí, ahora mismo las riego.

	permiso	favor
1.	×	
2.		×
3.		×
4.	×	
5.		×

6.

1. Sí, cógelo.
2. Sí, sal a la calle.
3. No, no puedes leer este libro.
4. Sí, puedes encender la calefacción.
5. No, no puedes cerrar la ventana.

7.

1. Ponla.
2. Enciéndela.
3. Cógelos.
4. Míralo.
5. Ábrela.

8.

1. ¿Puedes dejarme el libro de gramática?
   j. No, no puedo, es que tengo que estudiar.
2. ¿Puedo ayudarle en algo?
   b. Sí, puede ayudarme. Quiero un jersey azul.
3. ¿Puede cerrar la puerta del ascensor?
   g. Sí, ahora la cierro.
4. ¿Puedes apagar la televisión?
   f. No, es que estoy viendo una película.
5. ¿Puedo abrir la ventana?
   e. Sí, ábrala.
6. ¿Puede cambiarme este billete?
   h. No, no puedo cambiárselo.
7. ¿Puedes recogerme el correo?
   c. Sí, puedo recogértelo.
8. ¿Puedo coger la silla?
   i. Lo siento, está ocupada.
9. ¿Puedes darme fuego?
   a. Lo siento, no fumo.
10. ¿Puedes bajar la música?
    d. Sí, ahora mismo la bajo.

9.

Posibles respuestas

1. No, no puedo, es que mañana tengo un examen.
2. Sí, claro que sí. Ahora te los doy.
3. No, no puedo porque se lo ha llevado mi hermano.
4. No, no puedo porque no voy a ir. He quedado con unos amigos.
5. Sí, está dentro de mi mochila.

10.

Respuesta libre.

11.

1.
A: Miguel, Miguel… ¿No me oyes?
B: Lo siento, pero estoy muy nervioso. Ahora mismo tengo un examen de gramática.
A: ¡Suerte!
2.
A: ¡Hola! ¿Qué tal?
B: Mal, me duelen la cabeza, la garganta…; tengo que ir al médico.
A: Vaya por Dios.
3.
A: ¿Has engordado?
B: Sí, es que he dejado de fumar, y ahora… tengo que adelgazar. ¿Qué te parece?
A: Muy bien, me alegro de que no fumes.

4.
A: ¿Qué te pasa? Tienes mala cara.
B: Estoy muy preocupado.
A: ¿Por qué?
B: Porque mañana tengo que hablar en público.
A: No te preocupes.
5.
A: ¡Increíble! No aguanto más… Sólo trabajo, trabajo…
B: No te enfades.
A: Estoy enfadado, mañana tengo que trabajar más horas de lo normal.

	¿Qué le pasa?	Tiene que…
1.	Está muy nervioso.	Tiene que hacer un examen.
2.	Está enfermo.	Tiene que ir al médico.
3.	Está muy gordo.	Tiene que adelgazar.
4.	Está preocupado.	Tiene que hablar en público.
5.	Está enfadado.	Tiene que trabajar más horas.

12.

1. carnicero
2. escritor
3. informático
4. traumatólogo
5. panadero
6. militar
7. estudiante
8. cocinero
9. policía
10. actor

13.

agudas	llanas	esdrújulas
escri**tor**	carni**ce**ro	infor**má**tico
mili**tar**	pana**de**ro	trauma**tó**logo
ac**tor**	estu**dian**te	
	coci**ne**ro	
	poli**cí**a	

14.

Respuesta libre.

15.

1. Prohibido fumar.
2. No se puede tener el móvil activado.
3. Prohibido pasar bebidas.
4. Prohibido comer helados.
5. No se puede entrar con patines.
6. Prohibido entrar con perros.

16.

Respuesta libre.

17.

1. ¿Te ayudo a hacer fotocopias?
2. ¿Te ayudo a subir el cochecito?
3. ¿Te ayudo a cruzar el semáforo?
4. ¿Le puedo ayudar a llevar las maletas?
5. ¿Lo ayudo a colocar los libros?

18.

1. Me
2. nos
3. me
4. nos / me
5. te
6. te
7. os
8. os
9. Te
10. te

I.

1. Marilyn Monroe
2. Charlot
3. El Gordo y el Flaco
4. Enrique VIII
5. Cristóbal Colón
6. Cantinflas

2.

Respuesta libre.

3.

1. nada
2. nadie
3. nadie
4. ninguna
5. algo
6. Alguna
7. nada
8. Algunos
9. Alguien
10. nada

4.

1. Tengo una fotografía / algunas fotografías de Estocolmo.
2. No he visto a nadie en el portal.
3. A todos les gusta ese disco.
4. No hay nada de bebida en la botella.
5. Nadie está hablando en la escalera.
6. No hay ninguna papelera en el parque.
7. No he comprado ninguna novela de ciencia-ficción.
8. En mi habitación no hay ningún póster.
9. No tengo nada de dinero en el banco.
10. En el zoo de Madrid no hay ninguna jirafa.

5.

1. Cubiertos (cuchara, tenedor y cuchillo): para comer.
2. Bolsa: para llevar cosas.
3. Llave: para abrir.
4. Silla: para sentarse.
5. Teclado de ordenador: para escribir

6.

1. o-fi-ci-na
2. ta-ller
3. al-ma-cén
4. des-pa-cho
5. juz-ga-do
6. pla-za
7. es-ta-ble-ci-mien-to
8. mer-ca-do
9. clí-ni-ca
10. ves-tí-bu-lo

7.

1. **tris**te
2. incre**í**ble
3. maravi**llo**so
4. diver**ti**do
5. di**fí**cil
6. estu**pen**do
7. agra**da**ble
8. bo**ni**to
9. **ma**lo
10. ba**ra**to

8.

	estudiar	escribir	tener	poner	ser	hablar
yo	estudie	escriba	tenga	ponga	sea	hable
tú	estudies	escribas	tengas	pongas	seas	hables
él	estudie	escriba	tenga	ponga	sea	hable
nosotros	estudiemos	escribamos	tengamos	pongamos	seamos	hablemos
vosotros	estudiéis	escribáis	tengáis	pongáis	seáis	habléis
ellos	estudien	escriban	tengan	pongan	sean	hablen

9.

1. Espero que estudies más.
2. Queremos que sea niño.
3. Deseo que me toque la lotería.
4. Espero que volváis pronto.
5. Quiero que me compres una chuchería.

10.

Respuesta libre.

11.

1. te guste
2. cene
3. terminemos
4. salgáis
5. tenga
6. sea
7. ponga
8. hagas
9. trabaje
10. seas

12.

Posibles respuestas

1. ¡Que te mejores!
2. ¡Que te calles!
3. ¡Que estudies!
4. ¡Que te diviertas!

13.

Respuesta libre.

14.

Marisa: ¡Hola, chicos! ¿Qué tal?

Esther: ¿De dónde vienes con tantas bolsas?

Marisa: De compras.

Carlos: ¿Qué te has comprado?

Marisa: Mirad. Unos pantalones, una camisa…

Esther: ¡Qué bonitos son los pantalones! La camisa… ¡Qué suave!

Carlos: Me encantan. ¡Qué preciosidad!… ¡Qué bonita es la camisa!

Marisa: También me he comprado unos zapatos.

Esther: ¿Te han costado esto? ¿Éste es el precio?

Marisa: Sí, qué caros, ¿no?

Carlos: Pero son de piel. ¡Deben de ser cómodos!

Marisa: También me he comprado un chal.

Esther: ¡Qué colorido!

Carlos: ¡Qué bonito!

Marisa: Y… por último, esta chaqueta.

Esther: ¡Qué grande!, ¿no?

Carlos: ¡Qué cara…! ¡Estás loca!

Marisa: Ya. Pero necesitaba ropa…

	pantalón	chaqueta	camisa	zapatos	chal
Esther	¡Qué bonitos!	¡Qué grande!	¡Qué suave!	¡Qué caros!	¡Qué colorido!
Carlos	¡Qué preciosidad!	¡Qué cara!	¡Qué bonita!	¡Qué cómodos!	¡Qué bonito!

15.

1. Son mis libros.
2. Es vuestro coche.
3. Es nuestro apartamento.
4. Es tu dinero suelto.
5. Es su pantalón.
6. Es tu moto.
7. Es nuestra habitación.
8. Son tus gafas.
9. Es su jersey.
10. Es mi bolso.

16.

1. ¿Son tuyos los apuntes?
2. ¿Has escuchado mi contestador?
3. ¿Tienes nuestro teléfono móvil?
4. ¿Son vuestros los papeles?
5. ¿Es tu casa?
6. ¿Has comprado su último CD?
7. ¿Elena es vuestra nuera?
8. ¿Es ésta vuestra casa?
9. ¿Es éste tu hermano?
10. ¿Son éstos sus libros?

LECCIÓN 7
ámbito 1

1.

	yo	tú	él	nosotros	vosotros	ellos
trabajar	he trabajado	has trabajado	ha trabajado	hemos trabajado	habéis trabajado	han trabajado
vestirse	me he vestido	te has vestido	se ha vestido	nos hemos vestido	os habéis vestido	se han vestido
salir	he salido	has salido	ha salido	hemos salido	habéis salido	han salido
levantarse	me he levantado	te has levantado	se ha levantado	nos hemos levantado	os habéis levantado	se han levantado
comer	he comido	has comido	ha comido	hemos comido	habéis comido	han comido
acostarse	me he acostado	te has acostado	se ha acostado	nos hemos acostado	os habéis acostado	se han acostado
ver	he visto	has visto	ha visto	hemos visto	habéis visto	han visto
decir	he dicho	has dicho	ha dicho	hemos dicho	habéis dicho	han dicho
romper	he roto	has roto	ha roto	hemos roto	habéis roto	han roto
ser	he sido	has sido	ha sido	hemos sido	habéis sido	han sido

2.

deshacer	deshecho
descomponer	descompuesto
revolver	revuelto
soltar	suelto
cubrir	cubierto
poner	puesto
hacer	hecho
ver	visto
decir	dicho
devolver	devuelto
descubrir	descubierto
freír	frito
rehacer	rehecho
recubrir	recubierto
morir	muerto

3.

tengo, levantarme, desayunar, es, me presento, tengo, vestirme, dar, tengo, llevar, tengo, ir, tengo, importa, hay, estoy, tengo, hacerlo

• **He tenido** que levantarme temprano y desayunar rápidamente. **Ha sido** una mañana importante en mi trabajo. Me **he presentado** ante mi nuevo jefe. **He tenido** que vestirme bien para dar una buena impresión y **he tenido** que llevar todos los papeles de mi currículum. **He tenido** que ir en autobús a mi trabajo porque tengo el coche roto. Pero no me **ha importado** porque hay una línea de autobús muy cerca de casa. ¡**He estado** nerviosa! ¡**He tenido** que hacerlo todo muy bien!

4.

Posibles respuestas

He comprado la prensa de mi país en el quiosco.
He asistido a clase de español con mis amigos.
Me he tomado un café en el bar de la esquina.
He hecho la compra y he ordenado mi habitación.
He preparado mi viaje del fin de semana próximo.

5.

Moira **se ha levantado** temprano esta semana. Todos los días **ha tenido** exámenes a primera hora de la mañana. Después de los exámenes **ha ido** a la biblioteca a estudiar, y **ha pasado** por la fotocopiadora para recoger sus nuevos apuntes. Las tardes las **ha dedicado** a estudiar. Por las noches **ha paseado** un rato con su perro. Así se **ha olvidado** un poco del estrés y de los nervios de todo el día.

6.

Posibles respuestas

1. Hemos estado caminando durante seis horas por unas montañas bastante escarpadas. **Ha sido agotador.**
2. Nos hemos reunido en el hotel y nos hemos pasado la tarde jugando a las cartas. **Ha sido estupendo.**
3. Nos hemos perdido en el monte y una patrulla de guardias forestales ha venido a rescatarnos. **Ha sido horrible.**
4. Hemos encontrado muchas especies vegetales que no conocemos. Nuestro profesor de Botánica se ha puesto muy contento. **Ha sido interesante.**
5. Hemos pasado toda la tarde viendo la televisión. **Ha sido aburrido.**
6. Nos han explicado cuántos senderos hay en estas montañas y cuáles son los caminos que deben seguirse. ¡Han estado hablando tres horas! **Ha sido un rollo.**

7.

Posibles respuestas

1. espantosa; 2. maravilloso; 3. un rollo; 4. agotador; 5. interesante; 6. aburrido; 7. divertida; 8. horrible; 9. agotador; 10. interesante.

8.

1. Ya
2. todavía / aún
3. todavía / aún
4. Ya
5. todavía / aún
6. Ya
7. Todavía / Aún
8. ya
9. ya
10. todavía / aún

9.

Posibles respuestas

1. Claudia no ha buscado todavía su bañador y Daniel ya lo ha puesto en la maleta.
2. Claudia ya ha puesto su toalla de playa y Daniel también.
3. Claudia ha comprado ya unas playeras blancas y otras azules, pero Daniel no ha comprado todavía sus zapatillas deportivas.
4. Claudia no ha comprado todavía su crema protectora y Daniel ya la ha puesto en su maleta.
5. Claudia no ha elegido todavía sus 5 camisetas y Daniel ya ha guardado sus camisetas.
6. Claudia ha guardado ya 3 pantalones cortos y Daniel no ha elegido todavía los vaqueros y los pantalones cortos que se va a llevar.
7. Ni Claudia ni Daniel han guardado todavía sus 5 mudas.
8. Claudia ha buscado ya sus gafas de bucear y Daniel ya tiene sus gafas de sol.
9. Claudia todavía no sabe qué libro de lectura llevar y Daniel ya ha guardado sus crucigramas.

10.

Posibles respuestas

1. Sí, ya la he visitado / No, todavía no la he visitado.
2. Sí, ya lo he usado / No, todavía no lo he usado.
3. Sí, ya las hemos depositado en los contenedores / No, aún no las hemos depositado en los contenedores.
4. Sí, ya los ha separado para reciclarlos / No, todavía no los ha separado para reciclarlos.
5. Sí, se han apuntado ya a una ONG / No, no se han apuntado todavía a una ONG.
6. Sí, ya han preparado las próximas vacaciones / No, todavía no han preparado las próximas vacaciones.

7. Sí, ya lo he tenido / No, todavía no lo he tenido.
8. Sí, ya lo he llamado / No, no lo he llamado todavía.
9. Sí, ya lo hemos jugado / No, todavía no lo hemos jugado.
10. Sí, ya la ha comido / No, todavía no la ha comido.

11.

utilizable, inflamable, potable, reciclable, impermeable, creíble, amable, vendible, soportable, imposible

12.

alcantarilla, papel, vertedero, ecológico

13.

Posibles respuestas

Podemos aprovechar mejor los **recursos** naturales del planeta. La vida ha ido complicándose poco a poco de manera que los hombres no pueden vivir sin determinados adelantos **tecnológicos.** ¿Alguien piensa lo que puede ser nuestra vida sin la lavadora, por ejemplo? ¿Y sin los aviones? Pero ¿adónde van a dar las aguas sucias de las lavadoras? ¿Y los **humos** de los aviones? En cualquier caso, no podemos vivir sin los **avances** tecnológicos. ¿Qué sería de nosotros sin la luz eléctrica o sin papel? Lo que tenemos que hacer es **racionalizar** el gasto y **reciclar** todo lo que desechamos.

14.

1. b) depuradora; 2. c) vertidos; 3. a) reciclaje; 4. c) contenedores; 5. b) reciclar vidrio.

15.

mari**po**sa	cala**ve**ra	Can**ta**bria
rómpelo	es**cu**cha	entre**més**
cli**má**tico	enferme**dad**	importa**ción**
las**ti**ma	**lá**grimas	plo**mi**zo
monta**ño**so	are**no**so	ne**va**do

16.

al**fom**bra	ca**se**ta	colcho**ne**ta
pálido	**cá**mara	in**tér**prete
trenza	mam**pa**ra	calle**jue**la
tuna	opi**nión**	teles**co**pio
pi**lón**	severi**dad**	orde**nan**za
vieira	**lám**para	ma**trí**cula
ocio	a**bri**go	humani**dad**
ani**mal**	bu**fan**da	condi**cio**nes

ámbito 2

1.

1. debajo; 2. al lado; 3. enfrente; 4. encima; 5. cerca; 6. lejos; 7. delante; 8. detrás.

2.

Si has dado 8 respuestas a), te preocupas muy poco por el medio ambiente. Si has dado 8 respuestas b), por personas como tú nuestro planeta está "enfermo". Si has dado 8 respuestas c), ¡excelente!, eres una persona cuidadosa y comprometida con el medio ambiente. Si has dado 8 respuestas d), estás concienciado y sabes lo que hay que hacer, pero no lo haces; siempre esperas que otra persona lo haga por ti.

3.

1. Yo **he** estado aquí varias veces.
2. Estamos **en** casa de Pedro.
3. Todavía **no** ha venido Juan con sus amigos.
4. Voy **a** la calle para dar un paseo.
5. Entramos **en** la casa.
6. Siempre miras la televisión cuando la tienes **delante** de ti.
7. Han cortado el árbo**l de** la plaza.

8. Habéis **hablado por** teléfono **con** María.

9. Se ha caído el jarrón y se ha **roto en** tres pedazos.

10. Está p**á**lido porque **no** ha tomado el sol.

4.

1. Montaña. 2. Río. 3. Valle. 4. Volcán. 5. Playa. 6. Océano. 7. Nieve. 8. Bosque. 9. Cordillera. 10. Prado.

5.

1. por	9. desde; hasta
2. para	10. en
3. a	11. para / a
4. hacia	12. por
5. hasta	13. a
6. en	14. desde
7. desde	15. De; a
8. De; a	

6.

Es pequeña y tiene dos pisos. Está **en** el campo. Tiene **enfrente** un parque muy bonito. Allí hay árboles, uno **al lado del** otro. Mi casa está **cerca del** río. **Por encima del** río hay un puente muy antiguo que une el pueblo **con** la gran ciudad. **Debajo del** puente hay una pequeña playa adonde vamos a bañarnos todos los **del** pueblo cuando hace mucho calor.

Detrás de la casa tengo un pequeño jardín **en** el que voy a plantar rosas y lechugas (¡me encantan las lechugas!). Ya he dicho que mi casa tiene dos pisos. **En** el piso de **arriba** hay dos grandes ventanales y **en** el piso **de abajo** están la puerta y una ventana. **Debajo de** la ventana voy a plantar rosas, para verlas desde mi sillón cuando leo y escucho música.

Como la zona es muy tranquila puedo pasear **en** bicicleta **por** el campo, **desde** el puente **hasta** mi casa. Otras veces salgo a pasear y camino **hacia** el prado que está un poco **lejos,** pero me viene bien caminar. A veces tomo el autobús que va **para** la gran ciudad y me deja **delante de** la puerta **de** casa.

7.

Esta mañana me he levantado temprano y me he duchado. He preparado el desayuno (una tostada con mantequilla y **mermelada,** zumo de naranja y café **con** leche). Luego he cerrado la maleta y he llamado a un taxi.

Ahora, camino del aeropuerto, pasa toda mi vida **delante de** mí. He vivido con Juan durante dos años. Nos hemos querido **muchísimo** y hemos vivido momentos emocionantes. Todos los recuerdos se agolpan en mí. Recuerdo nuestra boda **en** Oviedo. Recuerdo nuestro viaje de luna de **miel** a los Alpes suizos. Recuerdo **sus** regalos. Recuerdo **las** llamadas telefónicas desde la **playa** (él de vacaciones y yo en la oficina **todavía**). ¡Recuerdo tantas cosas! Pero **ahora** voy a subirme al avión y a marcharme de España y de su vida. Tengo que aprender a vivir **sin** él. La razón es muy sencilla: he sabido que está casado **en** Granada con otra **mujer** y que tiene tres hijos.

8.

Respuesta libre.

9.

busco, lastima, saltó, toco, hablo, paro, escuchó, pelo, ensució, canto

10.

¿Quiere venir? - Vienes mañana a casa - ¡Me lo ha comprado! - ¡Eres un tonto! - ¿Hay un problema? - ¿Te da asco? - ¡Qué coche tienes!

11.

Posibles respuestas

amable: que es agradable en la conversación y en el trato.

nevado: que está cubierto de nieve.

sucio: que tiene manchas, polvo u otras sustancias.

reciclable: que puede ser transformado o aprovechado de otra manera.

contaminación: degradación del medio ambiente.

LECCIÓN 8
ámbito 1

1.

	trabajar	cantar	ver	nacer	vivir
yo	trabajé	canté	vi	nací	viví
tú	trabajaste	cantaste	viste	naciste	viviste
él	trabajó	cantó	vio	nació	vivió
nosotros	trabajamos	cantamos	vimos	nacimos	vivimos
vosotros	trabajasteis	cantasteis	visteis	nacisteis	vivisteis
ellos	trabajaron	cantaron	vieron	nacieron	vivieron

2.

1. nacer ➧ nacimiento
2. morir ➧ muerte
3. vivir ➧ vida
4. estudiar ➧ estudio
5. trabajar ➧ trabajo
6. viajar ➧ viaje
7. descubrir ➧ descubrimiento

3.

1. trabajamos; 2. habló; 3. visitó; 4. compraron; 5. conocí; 6. nació; 7. terminó; 8. empezamos; 9. encontró; 10. cumplieron.

4.

Respuesta libre.

5.

1. Al terminar sus estudios, se marchó de viaje.
2. Al acabar de estudiar, buscó trabajo.

3. Al alquilar su primer piso, la ayudaron sus padres.
4. Al visitar Nueva York, compró muchos regalos.
5. Al acabar de cenar, se fue a dormir.
6. Al salir de viaje, llevamos muchas maletas.
7. Al publicar su primer libro, tuvo mucho éxito.
8. Al ir a la playa, nos pusimos muy morenos.
9. Al ver la película, se enamoró del actor.
10. Al casarse, dejó de trabajar.

6.

1. ter**mi**no
2. ter**minó**
3. sa**lí**
4. **fuis**te
5. sa**li**mos
6. na**ció**
7. cono**ci**mos
8. **vi**no
9. via**jó**
10. **via**jo

7.

Respuesta libre.

8.

1.
Se conocieron en 1998.
Hace x años que se conocieron.

2.
Se casaron en 1999.
Hace x años que se casaron.

3.
Tuvieron un hijo en el año 2000.
Hace x años que tuvieron un hijo.

4.
Les tocó la lotería en el año 2001.
Hace x años que les tocó la lotería.

9.

Respuesta libre.

10.

	estar	ser	morir	leer	poder
yo	estuve	fui	morí	leí	pude
tú	estuviste	fuiste	moriste	leíste	pudiste
él	estuvo	fue	murió	leyó	pudo
nosotros	estuvimos	fuimos	morimos	leímos	pudimos
vosotros	estuvisteis	fuisteis	moristeis	leísteis	pudisteis
ellos	estuvieron	fueron	murieron	leyeron	pudieron

11.

El fin de semana pasado fuimos a Madrid. Viajamos en avión desde Barcelona; el viaje es muy corto y así se aprovecha más el tiempo. Cuando salimos de Barcelona hacía un sol espléndido. Lo primero que hicimos cuando llegamos a Madrid fue pasear por la ciudad; es preciosa. Por la noche llovió, así que nos quedamos en el hotel. El sábado por la mañana fuimos a El Retiro; nos gustó mucho, pero como el día anterior estuvo lloviendo no pudimos montar en las barcas. Después fuimos al Museo del Prado; es impresionante. Por la noche cenamos en un restaurante típico. Nos fuimos a dormir pronto porque el avión de regreso salía a las diez y media de la mañana.

	verdadero	falso
Fueron a Madrid.	×	
Perdieron las maletas.		×
Llovió.	×	
Les gustó El Retiro.	×	
Montaron en barca.		×
Visitaron el Museo del Prado.	×	

12.

1. **¿Cuándo naciste?** Nací en 1978.
2. **¿Cuándo terminaste la carrera?** Terminé la carrera en 1998.
3. **¿Cuándo empezaste a trabajar?** Empecé a trabajar en 1990.
4. **¿Cuándo se fueron tus padres a vivir al pueblo?** Mis padres se fueron a vivir al pueblo hace cinco años.
5. **¿Cuándo os conocisteis?** Nos conocimos el mes pasado.

13.

1. tuvieron; 2. estuvimos; 3. se quedó; 4. viajaron; 5. fueron; 6. detuvo; 7. hicieron; 8. aparqué; 9. compró; 10. sentí.

14.

Posible respuesta

Jorge Andrade nació en 1960 en Barcelona. En 1965 se trasladó con su familia a vivir a Londres. Comenzó a estudiar en 1966. Terminó el Bachillerato en 1978. En el año 1979 regresó a Barcelona y comenzó a estudiar la carrera de Derecho. En 1983 conoció a María en la universidad. En 1984 terminó la carrera y ese año se casó con María. En 1990 comenzó a trabajar en un despacho. En 1991 nació su primer hijo y se trasladaron a vivir a Madrid. En 1996 nació su segundo hijo; ese mismo año tuvo un accidente. En el año 2000 volvió a Barcelona.

ámbito 2

1.

A: Recordad, tenéis que contestar en el tiempo establecido. Yo diré la fecha, y vosotros, por turnos, el acontecimiento que sucedió en España en ese año, ¿de acuerdo? Buena suerte, empezamos. Primera pregunta, ¿1975?
B: Murió Franco.
A: ¿1977?
C: Mil novecientos…, se celebraron las primeras elecciones democráticas.
A: ¿1981?
D: Fue el intento de golpe de Estado.
A: ¿1982?
E: El Partido Socialista Obrero Español ganó las elecciones por mayoría absoluta.
A: ¿1986?
F: España entró en la Unión Europea.
A: ¿1992?
G: Se celebraron las Olimpiadas de Barcelona, la Exposición Universal de Sevilla.

A: Por último, ¿2000?
H: El Partido Popular ganó las elecciones por mayoría absoluta.
A: Correcto, muy bien…, todavía les ha sobrado tiempo.

Año	Acontecimiento
1975	Murió Franco.
1977	Se celebraron las primeras elecciones democráticas.
1981	Se produjo un intento de golpe de Estado.
1982	El PSOE ganó las elecciones generales por mayoría absoluta.
1986	España entró en la Comunidad Económica Europea.
1992	En Barcelona se celebraron las Olimpiadas y en Sevilla la Exposición Universal.
2000	El PP ganó las elecciones por mayoría absoluta.

2.

1. Las Olimpiadas del año 2000 fueron en Australia. Las Olimpiadas tuvieron lugar en el año 2000.
2. La Exposición Universal fue en x. La Exposición Universal tuvo lugar en el año x.
3. El Mundial de Fútbol fue en x. El Mundial de Fútbol tuvo lugar en el año x.
4. La Cumbre Hispanoamericana fue en x. La Cumbre Hispanoamericana tuvo lugar en el año x.
5. La Cumbre Mundial sobre las Mujeres fue en x. La Cumbre Mundial sobre las Mujeres tuvo lugar en el año x.

3.

Año	Acontecimiento científico
1953	Descubrimiento de la estructura del ADN.
1967	Primer trasplante de corazón.
1978	Nacimiento del primer bebé probeta.
1997	Clonación de un ser vivo.

4.

Respuesta libre.

5.

	construir	dar	decir	repetir	poner
yo	construí	di	dije	repetí	puse
tú	construiste	diste	dijiste	repetiste	pusiste
él	construyó	dio	dijo	repitió	puso
nosotros	construimos	dimos	dijimos	repetimos	pusimos
vosotros	construisteis	disteis	dijisteis	repetisteis	pusisteis
ellos	construyeron	dieron	dijeron	repitieron	pusieron

6.

Respuesta libre.

7.

1. Esta mañana ……
2. Anoche ……
3. Esta primavera ……
4. Este año ……
5. El último verano ……
6. Hace cinco años ……
7. En 1990 ……

8.

1. he desayunado
2. hicieron
3. he visto
4. vivió / ha vivido

5. has comido
6. atropelló
7. llegamos
8. gané
9. he hecho
10. se compró

9.

cercanas		lejanas	
esta tarde	hoy	esa tarde	ayer
nunca	esta semana	en febrero	esa semana
hace un rato	alguna vez	hace cinco años	el mes pasado

10.

	cercano	lejano
En 1990 murieron muchas personas en las carreteras españolas.		x
Esta tarde me he comprado el último disco de Rosana.	x	
Hace un rato que han llamado por teléfono a Luis.	x	
El 5 de julio de 1970 empezó a trabajar.		x
Este año no he comprado lotería.	x	
Aquél fue un mal año para la economía española.		x
El fin de semana pasado cenamos en un restaurante árabe.		x
Nunca he visto una película de Corea.	x	
Hace cinco años que se casaron.		x
El último invierno fuimos a esquiar a Sierra Nevada.		x

11.

Respuesta libre.

12.

Posibles respuestas

Alojamientos: hotel, hostal, pensión, albergue, cámping, apartamento, bungalow…
Cosas necesarias para viajar: maletas, dinero, guía de viaje, pasaporte…
Acciones: coger un tren, visitar museos, comer comida típica, caminar, pasear, hacer autostop…

13.

¡Hola, Luisa!
¿Qué tal? Te escribo para contarte mi fantástico fin de semana en la playa. **He regresado** esta mañana y **me he puesto** a escribirte. **Salí** el viernes por la tarde y **llegué** a las 7 a Benidorm. **Estuve** tres días allí. El viernes por la noche **fui** a una discoteca y **bailé** muchísimo. **Me acosté** a las 4 de la madrugada. El sábado **me levanté** temprano y **estuve** todo el día en la playa. Allí **conocí** a un chico guapísimo. **Comí** en un restaurante con él. Por la tarde, **paseé** por la ciudad con mis amigos. Ayer, domingo por la mañana, **hice** algunas fotos en la playa, pero **me olvidé** la cámara de fotos en el chiringuito. ¡Cuando **se entere** mi hermano…! Este fin de semana **ha sido** increíble. Bueno, escribe pronto.

Un beso,

14.

Respuesta libre.

15.

A: Oye…, ¿cómo se pronuncian estas palabras?
B: A ver…, paella, pollo, callado, maya, playa, yo, …
A: ¿Se pronuncian igual?
B: Bueno…, en zonas de España e Hispanoamérica se pronuncian igual, pero en otros lugares se pronuncian de manera diferente. Mira, Gustavo las diferencia… Gustavo, ¿puedes leer estas palabras?

C: Sí: paella, pollo, callado, maya, playa, yo, …
A: ¿Puedes darme más ejemplos?
C: Pues…, con "y griega"…, a ver…, algunos indefinidos como *cayó, leyó, construyó…* Y algunos ejemplos con "ll"…, *billete, bombilla…*

16.
A: ¿Cómo se llama a una persona que habla poco?
B: Callado.
A: ¿Y el bastón del pastor?
B: Cayado.
A: ¿Cuál es el imperativo de usted del verbo *ir?*
B: Vaya.
A: ¿Y la pared de madera que rodea el jardín?
B: Valla.
A: ¿Cómo se llama la cultura de los indios mexicanos?
B: Maya.
A: ¿Y el pantalón elástico?
B: Malla.

1. callado; 2. cayado; 3. vaya; 4. valla; 5. maya; 6. malla.

17.
1. calló; 2. maya; 3. halla; 4. ralla; 5. haya; 6. poyo.

18.
1. calle; 2. galleta; 3. Uruguay; 4. collar; 5. ladrillo; 6. leyes; 7. apoyo; 8. payaso; 9. construyó; 10. hallamos; 11. llora; 12. yate;

13. bordillo; 14. yogur; 15. bombilla; 16. inyección; 17. yo; 18. callejón; 19. lluvia; 20. poyo.

LL	Y
calle	Uruguay
galleta	leyes
collar	apoyo
ladrillo	payaso
hallamos	construyó
llora	yate
bordillo	yogur
bombilla	inyección
callejón	yo
lluvia	poyo

19.
1. Los habitantes de Paraguay se llaman **paraguayos.**
2. El **pararrayos** sirve para parar los **rayos.**
3. Nos **callamos** para escuchar al **payaso.**
4. La **bombilla** de la **calle** está rota.
5. Yo nunca he conocido a un **uruguayo.**
6. El **yate** está anclado cerca de la **playa.**
7. Yo nunca como **yogur** desnatado.
8. Se **cayó** porque tropezó con el **bordillo** de la acera.
9. Nunca **llora** en público.
10. **Hallaron** el collar en la **calle.**

LECCIÓN 9
ámbito 1

1.

	trabajar	dormir	querer	vivir	preferir	pintar
yo	trabajaba	dormía	quería	vivía	prefería	pintaba
tú	trabajabas	dormías	querías	vivías	preferías	pintabas
él	trabajaba	dormía	quería	vivía	prefería	pintaba
nosotros	trabajábamos	dormíamos	queríamos	vivíamos	preferíamos	pintábamos
vosotros	trabajabais	dormíais	queríais	vivíais	preferíais	pintabais
ellos	trabajaban	dormían	querían	vivían	preferían	pintaban

2.
ser - **era**   comer - **comía**   venir - **venía**
sentir - **sentía**   reír - **reía**   salir - **salía**
pensar - **pensaba**   tener - **tenía**   andar - **andaba**
hablar - **hablaba**   ir - **iba**   ver - **veía**

- Regulares: sentir, pensar, hablar, comer, tener, venir, salir, andar, reír
  Irregulares: ser, ir, ver

> Los que terminan en **-ar** hacen el imperfecto en **-aba,** y los que terminan en **-er o -ir** lo hacen en **-ía.**

3.
1. Cuando **era** pequeño, **leía** muchos cuentos.
2. Normalmente **nos levantábamos** tarde los domingos.
3. Siempre **iba** a la piscina en verano.
4. Todos los días **llegabais** tarde a clase.
5. Nunca **ibas** a la discoteca.
6. Siempre **se acostaban** a las doce de la noche.
7. A menudo **salíamos** con los amigos.
8. Los fines de semana frecuentemente **veía** la televisión porque no me **gustaba** salir.
9. Cuando **éramos** jóvenes, no **pensábamos** en el futuro.
10. De pequeño **hacía** teatro en la escuela.

4.
1. Cuando era pequeño, **solía leer** muchos cuentos.
2. **Solíamos levantarnos** tarde los domingos.
3. **Solía ir** a la piscina en verano.
4. **Solíais llegar** tarde a clase.
5. **No solías ir** a la discoteca.
6. **Solían acostarse** a las doce de la noche.
7. **Solíamos salir** con los amigos.
8. Los fines de semana **solía ver** la televisión porque no me **gustaba** salir.
9. Cuando erámos jóvenes, **no solíamos pensar** en el futuro.
10. De pequeño **solía hacer** teatro en la escuela.

5.
perro - **perra**   tigre - **tigresa**
gato - **gata**   conejo - **coneja**
león - **leona**   burro - **burra**
caballo - **yegua**   toro - **vaca**

6.

Ayer Cristina **se levantó** temprano. **Se dirigió** al baño, dispuesta a darse una ducha rápida. **Se miró** en el espejo. **Tenía** buena cara. **Mostraba** signos de sueño, pero **era** feliz. **Pensó** en Enrique y **sonrió**. **Recordó** los ratos que **pasaron** juntos. **Se preparó** el desayuno, **hizo** un zumo de naranja, **calentó** la leche e **hizo** café. **Puso** unas tostadas en el tostador. Mientras **desayunaba, escuchaba** la radio. Por las mañanas **había** un programa de entrevistas que le **interesaba** mucho. Más tarde **cogió** todos sus papeles y **salió** para la oficina. **Sacó** el coche del garaje y **condujo** con cuidado. "Hoy puede ser un gran día", **pensó**. Y **volvió** a sonreír.

7.

1. No, era antigua. Estaba un poco vieja.
2. Sí, los alumnos llevaban uniforme.
3. No, era feo y triste.
4. Había mesas, sillas, una pizarra, un mapa, niños, un profesor.
5. Escuchaban al profesor y se levantaban para contestar.
6. Los castigaba en un rincón de rodillas.

8.

Posibles respuestas

- Todos los días veía la televisión.
- Frecuentemente vosotros os quedabais en el colegio.
- Muchas veces Antonio y Rebeca escribían poemas.
- Pocas veces estaba enfermo.
- Algunas veces tocabas el piano.
- Algunas veces iba de excursión.
- Todos los días salía de casa a la misma hora.

9.

1.

Entrevistador: ¿Qué recuerdas de tu infancia?
A: La casa donde vivían mis abuelos. Vivían en un pueblo pequeño rodeado de montañas.
   También recuerdo cuando mi abuelo nos contaba historias sentado en su sillón al lado de la chimenea.

2.

Entrevistador: Y tú, ¿qué recuerdas?
B: La escuela donde estudiaba y a mi profesora de literatura. Era muy buena con los niños, jugaba mucho con nosotros y nos leía cuentos en la clase. Nos lo pasábamos muy bien.

3.

Entrevistador: Y tú, Inés, ¿qué recuerdas de tu infancia?
C: Las vacaciones de verano. Íbamos a la playa unos días y luego al pueblo a visitar a mis abuelos. Me encantaba correr por el campo con el perro de mi abuelo.

4.

Entrevistador: ¿Qué recuerdas de tu infancia?
D: Recuerdo que tenía una muñeca que era muy fea, pero a mí me gustaba mucho. Le hacía vestiditos con telas que me daba mi madre.

A. Recuerda la casa donde vivían sus abuelos, en un pueblo pequeño. También recuerda a su abuelo y las historias que contaba.
B. Recuerda la escuela en la que estudiaba y a su profesora de literatura, que era muy buena y les leía cuentos.
C. Recuerda las vacaciones de verano. Iban a la playa y al pueblo de sus abuelos.

D. Recuerda una muñeca que le gustaba mucho, aunque era muy fea.

10.

1. Una persona que sólo piensa en sí misma es **egoísta**.
2. Una persona que cuenta cosas de otras personas que no son verdad es **chismosa**.
3. Una persona que siempre dice la verdad es **sincera**.
4. Una persona que dice cosas que no son verdad es **mentirosa**.
5. Una persona a la que le cuesta mucho hablar con los demás es **tímida**.
6. Una persona que ve la vida de "color de rosa" es **optimista**.
7. Una persona que todo lo ve de forma negativa es **pesimista**.
8. Una persona de 19 años es **joven**.
9. Una persona que siempre cuenta chistes es **alegre**.
10. Una persona que piensa y reflexiona antes de hacer las cosas es **responsable**.

11.

1. **altruista**: persona que siempre piensa en los demás.
2. **discreto**: persona que no habla mal de los demás.
3. **mentiroso**: persona que dice cosas que no son verdad.
4. **sincero**: persona que siempre dice la verdad.
5. **atrevido**: persona que habla con todo el mundo.
6. **pesimista**: persona que todo lo ve de forma negativa.
7. **optimista**: persona que todo lo ve de forma positiva.
8. **viejo**: persona de avanzada edad.
9. **serio**: persona que se ríe poco o que no bromea mucho.
10. **irresponsable**: persona que actúa sin pensar.

12.

Entrevistadora: Teresa, ¿cuánto tiempo estuviste en Budapest?
Teresa: Cuatro años.
E: ¿Qué hacías allí?
T: Enseñaba español. Trabajaba como lectora en la Facultad de Económicas.
E: ¿Vivías sola?
T: Sí, vivía en un apartamento en el centro de la ciudad.
E: ¿Cómo era el apartamento?
T: Era pequeño, sólo tenía un dormitorio, pero era muy acogedor.
E: ¿Tenías muchos amigos?
T: Sí, había muchos españoles trabajando allí y conocí a mucha gente. También tenía muchos amigos húngaros.
E: ¿Cómo era la gente húngara?
T: Los húngaros eran muy simpáticos y agradables conmigo.
E: ¿Cómo era la vida allí?
T: Muy distinta a la de España. Los horarios, las costumbres, todo era diferente. Comían a la una, se levantaban muy temprano y se acostaban pronto. Normalmente no salían por la noche. En fin, me costó mucho adaptarme.
E: ¿Te gustaba la comida?
T: No, no, al principio no. La primera semana comía huevos, queso y fruta.
E: ¿Qué hacías los fines de semana?
T: A menudo iba a la ópera o a algún concierto de música clásica. También solía viajar por los alrededores y me gustaba mucho pasear al lado del Danubio y por Isla Margarita. ¡Es una ciudad preciosa! ¿La conoces?

1. Enseñaba español. Trabajaba como lectora en la Facultad de Económicas.
2. Cuatro años.
3. En un apartamento en el centro de la ciudad.
4. Pequeño, con un solo dormitorio, pero acogedor.
5. Sí, españoles y húngaros.
6. Distinta a la de España: otros horarios, otras costumbres.
7. Al principio no le gustaba.
8. Iba a la ópera o a conciertos, viajaba, paseaba.

13.

Posibles respuestas

- Antes tenía novio, pero ahora estoy casada.
- Antes leía poemas, y ahora leo novelas.
- Antes montaba a caballo; ahora juego al tenis.
- Antes trabajaba en una oficina; ahora trabajo en una fábrica.
- Antes estudiaba inglés; ahora ya no estudio.
- Antes llevaba pendientes; ahora ya no me gusta.
- Antes regalaba una rosa el día de los enamorados; ahora no regalo nada.
- Antes hacía senderismo, pero ahora no tengo tiempo.
- Antes iba de vacaciones al campo, pero ahora prefiero ir a la playa.

14.

ANTES	AHORA
1. Dormía 10 horas.	**Duermo** 8 horas.
2. **Escribía** cartas.	No escribo.
3. Salía de copas.	No **salgo** nunca.
4. Me **gustaba** la música rock.	Me gusta la música clásica.
5. No llevaba pendientes.	**Llevo** tres en cada oreja.
6. A menudo íbamos de excursión.	Nunca **vamos** de excursión.
7. **Leía** novelas románticas.	Leo novelas históricas.
8. Hacía aerobic.	**Hago** yoga.

15.

1. Te he preguntado si **querías té.**
2. **Él** me ha dicho que el mercado de su pueblo es antiguo.
3. Mis problemas **sólo** me interesan a **mí.**
4. A ti no pienso contarte eso.
5. **Sé** que voy a conseguir que se venga conmigo.
6. Si vienes esta tarde te va a explicar que se va de vacaciones.
7. **Tú** me has dicho que no te interesa.
8. Nos ha guiado **él,** que conoce bien la zona.
9. El que lo ha dibujado debe presentarlo ante el jefe.
10. **Dé** oportunidades y le **responderán** que **sí** a todo.

ámbito 2

1.

1. Juan **sigue** hablando despacio en las conferencias.
2. Matilde **sigue sin** hablar despacio en las conferencias.
3. Algunos **siguen sin** comprometerse con la naturaleza.
4. Nadie **sigue** estudiando en esas condiciones.
5. Ella **sigue sin** poder enfrentarse a los problemas.
6. Nosotros **seguimos** reciclando papel.
7. Vosotros **seguís sin** hacer una vida sana.
8. Yo **sigo** leyendo libros de aventuras porque me gustan mucho.
9. ¿Tú **sigues sin** comer chocolate para no engordar?
10. M.ª Jesús **sigue sin** cambiar de carácter.

2.

Posibles respuestas

Antes Tomás era un poco antipático: pasaba gran parte de su tiempo encerrado en su habitación. Sin embargo, ahora se ha vuelto simpático. Sigue sin hacer gimnasia (en eso no cambia) y sigue siendo un gran tipo: tenía y tiene un gran corazón.
Lola antes se preocupaba por todo el mundo y estaba siempre ayudando a sus amigos, pero ahora se ha vuelto un poco egoísta. Ya no quiere hablar con sus amigos y ha dejado de recibirlos. A pesar de todo, sigue siendo cortés y educada. Sigue sin leer libros (hay cosas que nunca cambian) porque sigue prefiriendo otros entretenimientos.

3.

Posibles respuestas

1. Sigue fumando / Sigue sin dejar de fumar.
2. Ha dejado de comer tanto. Antes era gordito y ahora ha adelgazado.
3. Sigue trabajando de camarero / Sigue sin cambiar de trabajo.
4. Ha dejado de hacer deporte.

4.

Posibles respuestas

1. Emma antes era simpática. Ahora se ha vuelto antipática.
2. Antes era trabajador. Ahora se ha vuelto muy vago.
3. Antes era una buena persona. Ahora se ha vuelto mala persona.
4. Antes era buen estudiante. Ahora se ha vuelto mal estudiante.

5.

Posibles respuestas

1. Siempre hablo con Juan por las tardes.
2. La semana próxima voy a cambiarme de piso.
3. El verano pasado salí al extranjero.
4. El fin de semana pasado hicimos el trabajo juntos.
5. Este año estudio en la Universidad.
6. Dentro de dos días va a venir Juan y me va a decir lo que quería.
7. Durante las vacaciones salí de paseo todos los días.

6.

Posibles respuestas

ANTES	AHORA
1. No llevaba barba.	Lleva barba.
2. Usaba chaqueta con flores.	Ya no usa chaquetas con flores.
3. Le gustaban los perros.	Le gustan los gatos.
4. Nunca bebía.	Bebe algunas veces.
5. Pintaba con la mano.	Pinta con pinceles.
6. No llevaba gafas.	Lleva gafas.
7. Le gustaba estar descalzo.	Siempre lleva zapatos.

7.

1. comilona; 2. inevitable; 3. incurable; 4. interesante; 5. renovable; 6. verdaderas; 7. inteligente; 8. inmejorables; 9. risueño, alegre; 10. triste.

8.

1. Llegamos **a** las cuatro de la madrugada.
2. **Por** la mañana se encontraron con Luis.
3. **Desde** las diez **hasta** las doce están en mi despacho.
4. Escribió la novela **en** marzo de 1965.
5. Estamos **a** sábado y todavía no he terminado el trabajo.
6. **Por** las tardes, Ana sale con sus hijas al parque.
7. **De** abril **a** agosto estaré en Estados Unidos.
8. **Desde** 1997 **hasta** 1999 trabajó en la empresa de su padre.
9. Quedaba con sus amigos los sábados **por** la noche.
10. Vino **a** las seis y no se marchó **hasta** las diez.

9.

1. Todos los días, **por** las mañanas, nos encontramos cuando vamos a trabajar.
2. Voy a casa de Francisco todos los días **por** la tarde.
3. **Desde** las ocho y **hasta** las diez estaré de compras.
4. **En** 1987 viajó a París, donde comenzó sus estudios universitarios.
5. Se preparó los exámenes **en** marzo.
6. Vivo en México **desde** 1996.
7. Por fin, **en** diciembre, encontró un piso de alquiler a buen precio.
8. Le gustaba tocar el piano **desde** que era pequeño.
9. Trabajó en esa empresa **hasta** 1999; ese año lo despidieron.
10. Quiero que estés en casa **a** las diez de la noche.

10.

1. rojo; 2. comisaría; 3. íbamos; 4. tímido.

11.

El Coronel **era** un hombre de mal carácter y pocas palabras. **Era** alto y muy delgado, y su rostro se asemejaba al de un cadáver, pero todavía **conservaba** algo del hombre atractivo que fue en otros tiempos. En el pueblo todos le **tenían** miedo porque contaban que en una ocasión **mató** a un hombre simplemente por llevarle la contraria. Todas las tardes **iba** al bar al atardecer; **se sentaba** solo en un rincón y **contemplaba** la caída del sol. **Fumaba** constantemente y **bebía** mucho, más de lo aconsejable para su edad. La mayor parte de las veces **regresaba** a su casa borracho, cayéndose al suelo cada dos pasos. Yo **sentía** una gran curiosidad por saber cosas de su vida, por lo que **preguntaba** a unos y a otros, pero nadie me decía nada, ni siquiera mi madre, que con frecuencia me contestaba: "Niña, no menciones su nombre en esta casa". Yo lo **observaba** e, incluso, lo vigilaba (siempre he sentido atracción y admiración por personajes trágicos, perversos, perdedores, irracionales). En una ocasión lo **seguí** hasta su casa. **Entró** en ella dando gritos y patadas; **subió** a su habitación, **cogió** una botella de brandy y comenzó a beber. A los pocos minutos, **sacó** una pistola del cajón de la mesilla, **metió** una bala en el cargador y lo hizo girar. A continuación, **colocó** el cañón junto a la sien y **disparó.** Yo **cerré** los ojos aterrorizada; cuando los **abrí,** allí seguía él. Estaba temblando; sus ojos reflejaban perfectamente el miedo y el terror a la muerte, pero al mismo tiempo, el deseo de acabar para siempre. Guardó la pistola y dijo: "Mala suerte, Coronel. Mañana tendrás que intentarlo otra vez".

12.

Respuesta libre.

13.

1.
bata - vaso - pipa - cepo - pala - batata - teja - tomar - cada - coto - pida - termo - gasa - goma - agotar - saca - cato - mango

2.
parra - barra - caro - perro - moro - mirra - amara - ahora - cerro

3.
molo - modo - memo - luna - pisar - tela

14.

Respuesta libre.

LECCIÓN 10
ámbito 1

1.

Posibles respuestas

1. Yo seré actriz.
   Trabajaré con Almodóvar.
   Ganaré un Oscar.
   Seré famosa y todo el mundo me conocerá.
2. Yo seré astronauta.
   Viajaré por el universo.
   Visitaré Marte.
   Sabré si hay vida en otros planetas.
3. Yo seré pianista.
   Daré conciertos por todo el mundo.
   La gente comprará mis discos.
   Ganaré mucho dinero.
4. Yo, de mayor, seré cocinero.
   Prepararé comidas estupendas y exóticas.
   Participaré en concursos de cocina, y ganaré.
   Estaré a régimen.
5. Pues yo seré profesor.
   Daré clases de español a extranjeros.
   Conoceré a personas de todo el mundo.
   Tendré muchos amigos.
6. Yo, arquitecta.
   Construiré un edificio vanguardista junto al Palacio Real.

Me criticarán por mi modernidad y mi carácter innovador.
Me darán un premio.

7. Yo seré médico.
Curaré a los niños enfermos.
Inventaré una vacuna contra el cáncer.
Trabajaré en un gran hospital.

2.

Manolito **será** un buen estudiante e **irá** a la universidad. Allí **conocerá** a unos amigos con los que **formará** un grupo de rock. Al principio **tocarán** en el garaje de Manolito, pero en seguida **darán** conciertos en bares de moda. **Actuará** más tarde con su grupo en un auditorio y **se hará** famoso. **Vivirá** una historia de amor con la guitarrista de su grupo, pero no **se casará** con ella, sino con una admiradora, con la que **será** muy feliz. **Tendrán** dos hijos. De mayor, **vivirá** en el campo con su familia, y en su tiempo libre **jugará** al golf.

3.

inventar: crear o descubrir, con estudio y habilidad, una cosa nueva.

investigar: intentar llegar a conocer una cosa estudiando, pensando o preguntando.

conservar: mantener o cuidar una cosa para que dure.

crear: producir una cosa.

secarse: perder una planta su aspecto verde y fresco. Quedarse sin agua un río, una fuente.

agotar: gastarlo todo; acabar con una cosa.

desarrollar: hacer crecer o aumentar algo; mejorar.

destruir: romper o hacer desaparecer. Hacer que una persona o cosa deje de ser útil.

descubrir: encontrar lo que no se conocía o estaba oculto.

reciclar: transformar o aprovechar una cosa para un nuevo uso o destino.

4.

Posibles respuestas

1. Julio Iglesias actuará en el Teatro Monumental.
2. El escritor y Premio Nobel Gabriel García Márquez dará una conferencia el próximo martes en Lisboa. Hablará de las últimas tendencias en la narrativa hispanoamericana.
3. Este fin de semana tendrá lugar la presentación de la moda otoño-invierno del conocido diseñador Pedro Rodríguez.
4. El Rey Juan Carlos visitará México.

5.

1.
Y por último, adelantamos algunas noticias de prensa previstas para mañana:

- Por fin, Antonio Banderas llegará con su familia a Málaga procedente de Estados Unidos para promocionar su última película.
- Se ha confirmado la llegada del presidente de Venezuela a nuestro país durante el mes de julio; visitará Madrid durante una semana.
- Alicia Alonso actuará con el Ballet Nacional de Cuba en el Teatro Real en la actuación más esperada de todo el año. Las entradas están agotadas desde hace más de un mes.
- De nuevo Pavarotti, Carreras y Domingo, nuestros admirados tenores, cantarán en el Auditorio Nacional a las 20:00 horas. Por su parte, Plácido Domingo ha anunciado que participará en el concierto que se ha organizado a beneficio de UNICEF.
- Una buena noticia para el cine español: Pedro Almodóvar comenzará en breve el rodaje de una nueva película. Desde aquí le deseamos tanta suerte como la que ha tenido con *Todo sobre mi madre*, Oscar a la mejor película extranjera del año 2000.

2.
Y ahora las noticias deportivas:

- Àlex Crivillé correrá en el Campeonato de Europa de 500 cc, que tendrá lugar en el circuito del Jarama.
- Nuevo partido en el estadio Santiago Bernabéu, donde el Real Madrid jugará contra el Bayern de Múnich.
- Todo parece indicar que Ronaldo jugará en el Barcelona, con quien firmará un contrato próximamente.
- Por último, el Juli toreará en las Ventas tras su gira americana.

1. Antonio Banderas **llegará** a Málaga con su familia para promocionar su última película.
2. El presidente de Venezuela **visitará** Madrid durante una semana.
3. Àlex Crivillé **correrá** en el Campeonato de Europa en el circuito del Jarama.
4. El Real Madrid **jugará** contra el Bayern de Múnich en el estadio Santiago Bernabéu.
5. Ronaldo **firmará** un nuevo contrato con el Barcelona.
6. El Juli **toreará** en las Ventas.
7. Alicia Alonso **actuará** con el Ballet Nacional de Cuba en el Teatro Real.
8. Plácido Domingo **participará** en el concierto a beneficio de UNICEF.
9. Los tres tenores **cantarán** en el Auditorio Nacional a las 20:00.
10. Pedro Almodóvar **comenzará** el rodaje de una nueva película.

6.

Posibles respuestas

1. Si María sale por la noche, **beberá** mucho alcohol, **conocerá** a un chico especial y **dormirá** durante todo el día.
2. Si va al cine con este chico, **tomará** una copa con él después de la película, **comerá** palomitas de maíz y **charlarán** durante horas sobre la película.
3. Si **toman** una copa después de la película, **quedarán** para ir juntos de vacaciones y **pasarán** un verano estupendo.
4. Si **van** juntos de vacaciones, **se irán** a vivir juntos y después **se casarán**.
5. Si **se casan**, **comprarán** una casa, **tendrán** un hijo y **cuidarán** de un perro.

7.

Padre: Hijo, no puedes seguir así… ¿No te preocupa tu futuro?
Hijo: Sí, papá, claro que sí.
Padre: Pues lo que tienes que hacer es estudiar, y dejar de jugar al fútbol a todas horas. Si estudias mucho irás a la universidad y…
Hijo: A mí me gusta jugar al fútbol.
Padre: Sí, ya lo sé, pero ¿qué vas a ser? ¿Futbolista o… no sé, abogado, por ejemplo? Si vas a la universidad serás abogado.
Hijo: Yo quiero ser futbolista.
Padre: ¿No dices siempre que quieres viajar?
Hijo: Sí.

Padre: Pues si eres abogado, un buen abogado, tendrás muchísimo dinero. Y si tienes dinero, viajarás mucho.

Hijo: Los futbolistas también ganan mucho dinero, bastante más que los abogados.

Padre: Ya, hijo, pero no es lo mismo… Entiende que…

- Estudiar y no jugar al fútbol a todas horas.
- Si estudia, irá a la universidad y se hará abogado.
- Si es abogado, tendrá mucho dinero y podrá viajar.

8.
Respuesta libre.

9.
Respuesta libre.

10.
1. La ingeniería genética permitirá clonar seres humanos, es decir, crear seres humanos idénticos. Podremos clonar a Einstein, a Gandhi y a otros grandes hombres. La clonación permitirá mejorar la raza humana. **A favor.**

2. Sí, la clonación permitirá también clonar a asesinos, dictadores, etc. Es un atentado contra la naturaleza. La raza humana tiene que mejorar por sí misma. La ingeniería genética, en general, acabará con la naturaleza. El hombre tiene que volver hacia atrás y recuperar algunos estados anteriores. **En contra.**

3. Yo estoy de acuerdo. Además, los avances de la ingeniería genética serán utilizados sobre todo por los ricos. Como siempre, se convertirán simplemente en buenos negocios. **En contra.**

4. La ingeniería genética estará al servicio del ser humano en general, y los científicos tratarán de que llegue a todo el mundo. Es verdad que tiene algunos inconvenientes, pero las ventajas son mayores: se curarán muchos enfermos, se podrán prevenir numerosas enfermedades; viviremos más años. **A favor.**

5. Yo también tengo esperanzas en los avances tecnológicos. La ciencia siempre ha ayudado al hombre a mejorar su situación, a hacer que su vida sea más placentera. Tenemos miedo a lo desconocido, por eso nos asustan estos descubrimientos, pero sin duda mejorarán nuestra calidad de vida. El progreso es imparable, no podemos detenerlo. **A favor.**

11.
Respuesta libre.

12.
Posibles respuestas

– Te picarán los mosquitos. ➪ No importa. Compraré alguna crema.
– Comerás cosas extrañas. ➪ Da igual, así probaré comidas exóticas.
– No verás la televisión. ➪ Mejor, dedicaré mi tiempo a actividades más interesantes.
– Tendrás que andar mucho. ➪ Es bueno hacer deporte; estaré en forma.
– Será peligroso por los animales. ➪ Tendré mucho cuidado.
– No podrás dormir por la noche. ➪ Pierdo demasiado tiempo durmiendo: aprovecharé al máximo mi vida.

13.
Posibles respuestas

– Quizás el señor Castro esté enfermo y no pueda levantarse de la cama para llamar por teléfono.
– A lo mejor se ha ido de vacaciones a la playa para descansar unos días.
– Tal vez esté enamorado y se olvide de todo: de trabajar, de comer, de comprar...
– A lo mejor le ha tocado la lotería y ahora es millonario y no necesita trabajar.
– Quizás esté en la cárcel por haber robado en una tienda.

14.
Posibles respuestas

1. Han suspendido el concierto de Alejandro Sanz. Tal vez **esté enfermo y no pueda actuar.**
2. Ha venido la policía a hablar contigo. A lo mejor **han encontrado tu pasaporte.**
3. Tengo fiebre. Quizás **tenga gripe.**
4. No sé qué voy a hacer en verano. A lo mejor **me voy a la playa con mis padres.**
5. Quiero buscar un nuevo trabajo. Tal vez **encuentre alguno con buenas condiciones económicas.**
6. Hoy hemos hecho el examen de español. Ha sido un poco difícil. Quizás **lo suspenda.**
7. Peter y Marie están discutiendo. Tal vez **se han enfadado porque Marie ya no quiere salir con él.**
8. ¡Qué extraño! No hay nadie en la escuela. A lo mejor **no hay clase.**
9. Dice mi horóscopo que el próximo año será estupendo. Quizás **me toque la lotería.**
10. Se ha ido la luz de repente. Tal vez **haya algún problema en la central a causa de la tormenta.**

ámbito 2

1.
1. a. te
2. b. el
3. a. Cuántos
4. a. Es
5. c. es; Tiene
6. c. Hay
7. a. dormimos
8. b. Le
9. c. gustan
10. c. también
11. b. siga; gire
12. b. se / Me
13. c. beber
14. a. las muelas
15. a / b / c
16. a. voy a visitar a mi amigo Juan.
17. a. Me la llevo
18. c. Ábrela, ábrela.
19. a. Se puede
20. c. hay
21. b. es que
22. b. ¡Que os divirtáis!
23. c. todavía no lo he leído.
24. c. he visto
25. c. Han abierto
26. b. nació
27. a. organicé
28. a. divertidísima
29. c. era; llevaba
30. c. se ha vuelto
31. a. estuve; tenía
32. c. pondremos
33. b. encontraré
34. a. llamo
35. a. esté

2.
Respuesta libre.